Politische Bildung als Allgemeinbildung

Gegenwartsfragen · 55

W0310489

Politische Bildung als Allgemeinbildung

Schriftenreihe
Gegenwartsfragen · 55

Herausgeber:
Landeszentrale für Politische Bildung, Gartenstraße 6, 2300 Kiel 1
Direktor: Dr. Wolfgang Hubrich

Redaktion: Dr. Rüdiger Wenzel

Beratung und Gestaltung: Gottwald Public Relations GmbH, Hamburg

Druck: Schmidt & Klaunig, Kiel, 1987

ISBN 3-88312-031-6

ISSN 0443-2407

Wolfgang Hubrich

30 Jahre Landeszentrale – Politische Bildung für die Zukunft

30 Jahre Landeszentrale für Politische Bildung Schleswig-Holstein waren am 1. Dezember 1986 ein Grund zum Jubiläum, zur Bilanz, zum Dank an Ernst Hessenauer, waren Anlaß zum gemeinsamen Nachdenken über Probleme der Gegenwart und die Zukunftsaufgaben der politischen Bildung.

Ein Ergebnis war, politische Bildung sollte sich nicht auf Interessierte und Multiplikatoren beschränken, sondern für möglichst viele Bürger Teil der Allgemeinbildung werden.

I

„Eine Offensive für unsere Demokratie" hat Ministerpräsident Dr. Uwe Barschel in seiner Jubiläumsrede im Kieler Schloß gefordert. Er begründete die Aufgaben einer überparteilichen politischen Bildung für heute und morgen.

Er nannte u. a. folgende Aufgaben:

- eine Offensive für eine demokratische Kultur, die die Grenzen der eigenen Freiheit in der Freiheit der anderen sieht, und welche Toleranz mit Andersdenkenden, Fairness in der politischen Auseinandersetzung und Kraft zum Frieden – auch im Kompromiß – umfaßt
- die Stärkung eines gemeinsamen Rechtsverständnisses als Grundlage einer politischen Kultur
- die Förderung des Bewußtseins, Mitglied einer an demokratische Werte gebundenen Gemeinschaft zu sein, über die es einen Grundkonsens geben muß
- das Engagement der Bürger für unseren freiheitlichen Staat und seine Gesellschaft zu stärken
- die deutsche, die europäische und die weltpolitische Dimension unseres Handelns zu vermitteln
- die Jugend innerhalb und außerhalb der Schule umfassender anzusprechen.

Diese Empfehlungen für die politische Bildung auf der Jubiläumsveranstaltung entsprachen den Themen politischer Bildungsarbeit auf Landes- und Bundesebene in der ersten Hälfte des Jahres 1987.

II

„Demokratie und Diktatur, Geist und Gestalt politischer Herrschaft in Deutschland und Europa" hieß es in der in den Medien hervorgehobenen Festschrift zum 65. Geburtstag des Bonner Politikwissenschaftlers Karl Dietrich Bracher. Sie wurde auch als Sonderdruck von der Bundeszentrale für politische Bildung veröffentlicht.

Die ständige Gefährdung der Demokratie und die Versuchung des Totalitarismus waren Brachers umfassende Themen: von „Die Auflösung der Weimarer Republik" (1954) bis „Zeit der Ideologien" – Geschichte des politischen Denkens im 20. Jahrhundert" (1982) und „Die totalitäre Erfahrung" (1987). Das Lebenswerk Brachers ist, so heißt es im Geleitwort der Festschrift, „Bestandteil des geistigen Fundaments der deutschen Politik".

Am 28. April 1987 veranstaltete Landtagspräsident Rudolf Titzck einen Festakt im Kieler Schloß „aus Anlaß der 40. Wiederkehr des Tages der ersten demokratischen Wahl eines Landtages in Schleswig-Holstein". Die Veranstaltung stand unter dem Thema „Der Beitrag der Parlamente zur politischen Kultur". Es war ein politisches Bildungsziel, die Bedeutung der Parlamente für die politische Kultur der Demokratie hervorzuheben.

„Weltpolitik – Strukturen, Akteure, Perspektiven", der umfangreiche Sammelband ist jetzt von der Bundeszentrale für politische Bildung in der zweiten Auflage veröffentlicht worden, um stärker über die globalen Entwicklungen zu informieren. Die Herausgeber, die Bonner Politikwissenschaftler Karl Kaiser und Hans-Peter Schwarz, wenden sich gegen eine Verkürzung der weltpolitischen Vorgänge auf jeweils gerade dem Betrachter als vordringlich erscheinende Probleme. „Die Anzahl der Probleme und deren so gut wie unauflösbare Verknüpfung ist eben doch viel größer, als im emotionalen Auf und Ab unserer öffentlichen Diskussion über die weltpolitischen Fragen zum Ausdruck kommt."

Bundespräsident Richard von Weizsäcker hat am 11. Juni in der Harvard-University, wo er den Ehrendoktor erhielt, eine Gedächtnisrede zum 40. Jahrestag des Marshall-Planes gehalten. Er hat das Verhältnis Bürger und res publica am Beispiel dieser Politik angesprochen und Gedanken zur politischen Bildung formuliert.

Er spricht von der atlantischen Partnerschaft, ihrer Verwurzelung in der Staatsphilosophie der Vernunft, der universalen Menschenrechte, der kulturellen Offenheit unter den Völkern und der Freiheit sowie von der Fähigkeit und dem Willen, in globalen Dimensionen mitzudenken. Gegenwärtige Probleme der Demokratien sind Gegenstand seiner Analyse und seiner Folgerungen.

„Unsere Demokratien funktionieren gut, aber sie erziehen uns nicht zum Ausblick über den eigenen Tellerrand.

Im Gegenteil: Die Bürger bei Ihnen und bei uns haben es vor allem gelernt, ihre eigenen Interessen zu organisieren, ihre Positionen zu Haus auszubauen, ihren persönlichen Wohlstand zu mehren. Sie überziehen unsere Gesellschaften mit einem dichten Geflecht von Ansprüchen und Besitzständen. Dadurch wird die Politik abhängiger, ihr Spielraum enger ... Ist diese Tendenz unumkehrbar? Müssen wir uns damit abfinden, daß uns die Demokratie besser trainiert, unsere Rechte wahrzunehmen, als unsere Pflichten zu erkennen? Hat Freiheit mit Verantwortung nichts mehr zu tun? Ist uns die historische Perspektive abhanden gekommen? Wollen die jungen Absolventen aus Harvard oder Heidelberg wirklich in eine Überflußgesellschaft hineinwachsen, die anfängt zu stottern, wenn sie beim Namen nennen will, was sie will, woran sie glaubt, was sie inspiriert? Nein, das glaube ich nicht. Eine neue Generation geht ihren eigenen Weg. Sie wählt ihr Engagement selbst. Sie erkennt ihre Aufgaben und neuen Chancen."

Richard von Weizsäcker nennt zwei große Herausforderungen: die Verhältnisse in der Dritten Welt und die Ost-West-Beziehungen als Aufgaben auch für die jüngere Generation.

Er fordert daher die „Kraft zur geschichtlichen Perspektive" sowie die Notwendigkeit „Vorurteilen und Leidenschaften zur widerstehen". Und: „Neues Denken ist zuerst eine Forderung an uns selbst".

III

Im Sinne dieser Themen der politischen Bildung haben die Autoren der Broschüre ihre Beiträge verfaßt. Damit tragen sie zur Förderung des auch in anderen Bundesländern diskutierten Anliegens bei, politische Bildung zur Allgemeinbildung zu machen. Die Landeszentrale dankt den Autoren für ihre Zusammenarbeit.

Politische Bildung hat die Aufgabe, immer wieder mit neuen Ideen und auf neuen Wegen mehr Mitbürger zu erreichen, den Dialog der Bürger mit der Politik zu verstärken und für Vertrauen zur Demokratie zu werben – Bürger und res publica.

Diesem Dialog dient auch das auf der Jubiläumsveranstaltung angekündigte und in der „Kieler Woche" stattfindende Symposium '87 „Politische Bildung für die Zukunft".

Politische Bildung braucht zur Orientierung Geschichte, sie braucht den realistischen Blick auf die Probleme der Gegenwart, und sie braucht Perspektiven für die Zukunft mit Szenarien und Handlungsalternativen, „Optionen für 2 030", wie ein neuer Buchtitel lautet.

Politik, Wissenschaft und Gesellschaft müssen sich an den Perspektiven des 21. Jahrhunderts orientieren.

Wir brauchen daher als überparteilichen Konsens

„Politische Bildung für die Zukunft".

Uwe Barschel

Politische Bildung heute und morgen

Sehr geehrter,
lieber Direktor Dr. Hubrich,
meine sehr geehrten Damen und Herren,

heute vor genau 30 Jahren wurde die Landeszentrale für Politische Bildung gegründet. Auch wenn mein Thema „Politische Bildung heute und morgen" das Gestern nicht umfaßt – vielleicht war die Landeszentrale, die mir dieses Thema aufgegeben hat, zu bescheiden –, möchte ich doch kurz zurückblicken.

I.

Die Geschichte der Landeszentrale für Politische Bildung ist mehr als 27 Jahre mit der Person Dr. Ernst Hessenauers verknüpft. Ich übertreibe nicht, wenn ich Ernst Hessenauer den Pionier und Wegberater der politischen Bildung in Schleswig-Holstein nenne. Er ist, wenn ich das richtig analysiert habe und ihn richtig verstanden habe, in der politischen Bildung zwei Wege gegangen:

- Er hat in Schleswig-Holstein gewirkt und jungen Menschen, ihren Eltern und Lehrern der unterschiedlichsten Berufe politische Bildung vermittelt.
- Er ist über die Grenzen Schleswig-Holsteins hinausgegangen und hat Schwerpunkte dort gesetzt, wo die Spuren des Nationalsozialismus am tiefsten waren: bei dem jüdischen und dem polnischen Volk. Begegnung, Verständnis und Aussöhnung waren seine Ziele. Immer hat er auch ein geeintes Europa vor Augen gehabt.

Meine Damen und Herren, Ernst Hessenauer gebührt unser aller Dank und unsere große Anerkennung, daß ihm in seinem Leben politische Bildung in dieser Weise Beruf und Berufung war.

Seit März 1984 steht Dr. Wolfgang Hubrich der Landeszenrale für Politische Bildung vor. Er hat auf dem Fundament, das er vorgefunden hat, aufgebaut. Behutsam hat er, wir haben es eben noch einmal in skizzenhaften Strichen zur Kenntnis nehmen dürfen, seine Akzente gesetzt. Die Kieler Reden zur Politik und neue Schriften zu Gegenwartsfragen, ich nenne diese Beispiele besonders, stehen für weiterentwickelte Konzeptionen. Ihnen, lieber Herr Dr. Hubrich, gebührt ebenfalls unser Dank für Ihren Einsatz.

Denselben Dank, meine Damen und Herren, möchte ich namens der Landesregierung und vor allen Dingen im Namen der vielen, vielen Mitbürgerinnen und Mitbürger im Lande, die über Jahrzehnte teilgenommen haben an der politischer Bildung, allen Mitarbeiterinnen und Mitarbeitern der Landeszentrale und allen denjenigen aussprechen, die ihre Arbeit möglich gemacht haben.

II.

Meine sehr geehrten Damen und Herren, die Bundesrepublik Deutschland ist bereits wesentlich älter als die Weimarer Republik und das Dritte Reich zusammen. Auf der Grundlage unseres Grundgesetzes bewahren wir seit über 35 Jahren inneren und äußeren Frieden. Wir haben ein Maß an individueller und sozialer Gerechtigkeit erreicht, das sich frühere Generationen kaum vorstellen konnten. Diese zweite deutsche Republik hat sich als lebenstüchtig, hat sich als belastbar erwiesen. Bonn ist, um es auf diese vereinfachte Formel zu bringen, nicht Weimar geworden.

Wenn unsere Demokratie alles in allem als gefestigt gelten darf, ich sage das in dem einschränkenden Sinne des Wortes, kann man sich fragen: Brauchen wir eigentlich noch politische Bildung in der heutigen Intensität? Meine Antwort ist klar: Wir können eine freiheitliche Demokratie nicht einmal schaffen und dann glauben, sie sei dann ein für allemal selbstverständlich, sozusagen abrufbar zum Konsumieren. Demokratie muß Tag für Tag gelebt, gegen Gefahren oder Versuchungen verteidigt und von jeder Generation neu erworben werden. Natürlich kann es dabei auch Rückschläge geben. Dessen müssen wir uns immer bewußt sein und das sollten wir gerade den jungen Menschen sagen: Daß die Gefahr der Rückschläge vor allem dann gegeben ist, wenn wir die einmal erreichte verfassungsrechtliche, freiheitliche Grundordnung, ich sage es noch einmal, für selbstverständlich gegeben ansehen, ungefährdet für jedermann nutzbar und abrufbar. Wir müssen also, um es plakativ zu formulieren, Demokratie trainieren, uns demokratisch fit halten. Wir müssen unseren Kindern die Summe unserer Erfahrungen, unsere Werte und Grundentscheidungen nahebringen und für sie werben.

Dabei sollten wir uns den Blick nicht verstellen lassen durch Pessimismus oder durch wehmütige Erinnerungen, wie Sie z.B. aus den folgenden Worten, die ich hier gern zitieren möchte, sprechen:

„Diese heutige Jugend ist von Grund aus verdorben, sie ist böse, gottlos und faul. Sie wird nie wieder so sein wie die Jugend vorher. Und es wird ihr niemals gelingen, unsere Kultur zu erhalten."

Diese Worte, meine sehr geehrten Damen und Herren, wurden schon vor 3000 Jahren in eine babylonische Tonziegel eingeritzt. Die Entwicklung der Menschheit weist den Pessimismus als schlechten, zumindest als wenig geeigneten Ratgeber aus. Es ist besser, Herausforderungen mit Mut und Tatkraft anzunehmen. Auch das ist eine Aufgabe der politischen Bildung, besonders gegenüber der jüngeren Generation.

III.

Dabei hat die politische Bildung eine herausragende Aufgabe. Ich sehe im wesentlichen drei Arbeitsbereiche für die politische Bildung, ohne daß ich Anspruch auf Vollständigkeit erhebe:

1. Politische Bildung soll die Erkenntnis vermitteln, Mitglied einer an demokratische Werte gebundene Gemeinschaft zu sein, und soll auf das Bekenntnis zur Lebensform Demokratie hinwirken.
2. Politische Bildung soll Staatsbürgerkunde im klassischen Sinne sein, soll historisch-politische Bildung, Kenntnisse über die Institutionen der parlamentarischen Demokratie und über die Lage Deutschlands in Europa und der Welt vermitteln.
3. Politische Bildung soll aktuelle Probleme, vor allen Dingen im Blick auf eventuelle Fehlentwicklungen deutlich machen.

Damit ist politische Bildung als eine breite und anspruchsvolle Aufgabe, als Teil der Allgemeinbildung - ich unterstreiche das, was Dr. Hubrich vorhin, wenn auch in anderen Worten, aber sinngleich zum Ausdruck gebracht hat - als Teil der Allgemeinbildung jedes Staatsbürgers umrissen.

IV.

Politische Bildung ist - wenn man sie so weit faßt - und ich meine, wir müssen es - ein Auftrag für uns alle und nicht eine abgegrenzte Aufgabe für einige Spezialisten, die dafür von Amts wegen berufen wurden oder sich persönlich dazu berufen fühlen. Sie ist im wahrsten Sinne des Worte eine Aufgabe für uns alle.

Die Grundwerte der Demokratie zu vermitteln oder zur Demokratie zu erziehen, ist zunächst Aufgabe - und das möchte ich besonders unterstreichen - der Eltern und der Familie. Die Eltern sind der wichtigste Träger der Erziehung, nicht der Staat. In der Familie können junge Menschen Tugenden erfahren und erlernen, auf denen Demokratie aufbaut: Gerechtigkeit und Toleranz, Hilfsbereitschaft und Nächstenliebe, Wahrhaftigkeit und Selbstbeherrschung, die Fähigkeit zum Gespräch, zum Kompromiß und zum Frieden.

Das ist ein anspruchsvoller Katalog, natürlich. Ich glaube jedoch, wenn wir diese Werte weder privat noch öffentlich anerkennen, wenn wir uns also in der privaten Rolle und in der öffentlichen Rolle des Staatsbürgers, die ja einen öffentlichen Bezug haben muß, wenn wir uns zu diesen Werten nicht bekennen oder sie nicht anerkennen, kann eine demokratische Gemeinschaft oder Gesellschaft, ich will auf diesen Streit - Gemeinschaft oder Gesellschaft - im einzelnen nicht eingehen, auf Dauer nicht leben. Diese Werte werden kaum durch formale Bildung vermittelt. Sie werden in der Familie, in der Nachbarschaft, in der Gesellschaft durch Vorbilder erfahren, durch Vater und Mutter, durch Lehrer und natürlich auch durch Politiker oder andere Persönlichkeiten des öffentlichen Lebens.

Dabei geht es um die Grundlagen des Vertrauens zwischen den Menschen. Diese Grundlage kann – um es noch einmal zu betonen – politische Bildung allein nicht entwickeln. Wir alle sind Tag für Tag gefordert.

V.

Erziehung zur Demokratie umfaßt – auch das nicht abschließend – Erziehung zur Freiheit und Erziehung zur demokratischen Loyalität. Unser freiheitlicher Staat baut auf den mündigen Bürger, der sein Leben selbstverantwortlich frei gestaltet. Andererseits lebt unser demokratischer Staat besonders von der Loyalität unserer Bürger. Er ist auf ihre Bereitschaft angewiesen, gemeinsame Lasten solidarisch zu tragen.

Das Spannungsfeld zwischen Freiheit, zwischen Pluralität als gelebter Freiheit einerseits und loyaler Bindung an unseren Staat, an unsere Republik andererseits, das ist besonders das Betätigungsfeld der politischen Bildung.

Unser Staat gibt individueller Freiheit im Rahmen einer weit gesteckten gesetzlichen Ordnung sehr weitreichende Entfaltungsmöglichkeiten, weiter als jemals in der Geschichte oder Verfassungsgeschichte Deutschlands. Er trennt bewußt zwischen Moral und Recht. Damit dies nicht mißverstanden wird, möchte ich hinzufügen: nicht jede Moralvorstellung geht automatisch in den staatlichen Rechtskodex ein. In diesem Sinne ist die bewußte Trennung zwischen Moral und Recht gemeint und nicht in einem anderen. Das macht einerseits individuelle Lebensgestaltung, ausgerichtet an persönlichen Vorlieben und Abneigungen, möglich. Das gibt aber auch Raum für pluralistische Beliebigkeiten, für Relativismus, ja letztlich für eine Disponibilität aller Werte, aller Normen. Im schlimmsten Falle ist alles Recht, was gefällt. Nichts kann Verbindlichkeit beanspruchen.

So macht der Pluralismus die zentrifugalen Kräfte unserer Gesellschaft frei. Er kann ungebändigt ein Sprengsatz sein, insbesondere wenn der Konflikt als das höchste Gut gepriesen wird, und das war ja lange Zeit eine Minderheitsmeinung in der, ich will nicht sagen politischen Bildung, aber in der politischen, geistigen Auseinandersetzung.

Deshalb brauchen wir eine gegenläufige Kraft, die unseren Staat und unsere Gesellschaft zusammenhält. Denn auch eine freie Gesellschaft kann nicht nur vom Konflikt und vom Gegensatz leben.

Bisher ist dieses Spannungsverhältnis nicht in aller Schärfe sichtbar geworden. Ein traditionell anerkannter Verhaltenskodex hat die Spannung überlagert. Werte wie Opfersinn, Treue, Pflichtbewußtsein, Verläßlichkeit, Disziplin, Gehorsam, Solidität, Genauigkeit bei der Arbeit, aber ich will die Beispielsreihe hier abschließen, wurden als „typisch deutsche" Tugenden empfunden. Sie sind heute jedoch nicht mehr ebenso anerkannt wie früher, ich will gern einräumen z.T. mit einer gewissen Berechtigung. Wertewandel ist das Stichwort. Werte wie Emanzipation, Ungebundenheit und und Selbstverwirklichung oder andere sind in der Wertschätzung gestiegen, haben z.T. die vorher genannten Werte ersetzt.

Auch die gemeinsame Basis des Unstreitigen zwischen den politischen Parteien ist heute sehr viel schmaler als früher. Einige begrüßen das, ich bedauere das. Ich glaube, darüber brauchen wir nicht streiten. Entscheidend ist, das dies so ist. Jüngste Vorstellungen zum Sexualschutz von Kindern, zum Abbau von Sicherheitsorganen oder zum Austritt aus der westlichen Verteidigungsallianz verlassen bisher unbestritten gemeinsame Festlegungen.

Die Frage ist: Welche Kraft kann und soll zukünftig unsere offene, pluralistisch auseinanderstrebende Gesellschaft zusammenhalten? Und wenn ich von der offenen und pluralistischen Gesellschaft spreche, dann meine ich das nicht negativ sondern dann meine ich, daß ein als Gegenkraft wirkendes Balanceelement hinzutreten muß.

Es kann nur und muß die Loyalität, wie ich meine, aller Bürger, unsere Loyalität zu unserem Staat sein. Ein Grundkonsens über die konstituierenden Elemente muß als das Fundament unserer Republik begriffen werden. Diese konstituierenden Elemente, die unsere Verfassung tragen und die bis vor nicht allzu langer Zeit unstreitig waren, sind, auch dies nicht mit dem Anspruch auf Vollständigkeit erwähnt, die Anerkennung der Menschenrechte, die Anerkennung des demokratischen Mehrheitsprinzips – selbstverständlich bei gleichzeitiger Achtung unveräußerlicher Minderheitenrechte – und der Verzicht auf Gewaltanwendung.

Bei diesem letzten Stichwort, meine Damen und Herren, ist es natürlich wichtig, sich die Frage zu stellen, wie das alles zusammengeht und zusammengehört. Ich meine schon, daß wir uns mit der Frage der Gewalt, des Gewaltverzichts oder der Gewaltanwendung nicht in einer tagespolitisch fordergründigen Weise, sondern sehr viel tiefergründiger auseinandersetzen müßten. Frieden ist zu Recht ein positiv gesetzter Begriff, den jeder für sich in Anspruch nimmt. Jeder fühlt sich negativ berührt, wenn der eine Frieden für sich in Anspruch nimmt und damit unterschwellig zum Ausdruck bringt, daß der andere nicht für den Frieden ist. Für den Frieden einzutreten und werbend für den Frieden zu wirken gerade gegenüber den jüngeren Menschen in dem Sinne, daß man Vorbild ist als Politiker, als Erzieher, als Lehrer oder in welcher Rolle auch immer, heißt, daß man selbst die Bereitschaft zum Frieden auch an den Tag legt, sie nicht nur subjektiv für sich in Anspruch nimmt, sondern auch äußerlich dokumentiert, manifestiert. Zum Frieden ist nur derjenige fähig, der innerlich friedfertig ist; oder anders ausgedrückt; es sind diejenigen schlechte Apostel für den Frieden, die vom Frieden reden – ich unterstelle nicht in böser Absicht – aber dann auf Straßen und Plätzen Gewalt anwenden und das Gegenteil von friedfertiger Einstellung zeigen.

Ohne diesen Grundkonsens der Demokraten, ohne das Engagement, ohne die Teilnahme seiner Bürger, kann unsere freiheitliche demokratische Republik nicht existieren. Ohne einen solchen gemeinsamen Willen ihrer Bürger muß sie über kurz oder lang zerfallen. Ich glaube, das läßt sich an vielen historischen Beispielen belegen. Für alles politisch-gesellschaftliche Handeln folgt daraus: Der Wille zum Erhalt des gemeinsamen Staates muß jeder parteipolitischen Trennung vorgehen.

Letztlich ist das Ganze wichtiger als seine Teile. Es gibt keine Freiheit ohne Ordnung, kein Einzelinteresse ohne Bezug auf das ganze, kein individuelles Wohl ohne das Gemeinwohl, keine Entfaltung der Persönlichkeit ohne Verantwortung für den Mitmenschen. Freiheit und Verantwortung bedingen einander. Rechte und Pflichten, Ansprüche und eigene Leistungen sind nicht voneinander zu trennen. Wenn ich in diesem Sinne gesagt habe, das Ganze ist wichtiger als seine Teile und das Ganze gleichgesetzt habe mit dem Staat, unserer Republik und die Teile mit den partikularen, pluralistisch vertretenen Interessen, dann will ich damit auch sagen, daß mir manchmal – und ich nehme keine Partei davon aus, auch nicht meine eigene – es kalt den Rücken herunterläuft, wenn man in Parteitagsreden, in Presseberichten über solche Veranstaltungen liest, daß ganz offen, ohne jeden Skruppel, führende Repräsentanten unserer sogenannten parlamentarischen Parteiendemokratie davon sprechen, daß bestimmte Verhaltensweisen anzustreben seien und vernünftig seien, weil sie ja im Interesse der Partei lägen. Es wird nicht einmal eine Anstrengung unternommen, sie wenigstens abzuwägen gegenüber dem Interesse des Ganzen – dem Staatsinteresse. Was mich manchmal bestürtzt, ist, daß man es für selbstverständlich hält, sogar für zumutbar gegenüber der Öffentlichkeit hält, von dem zu reden, was der Partei nutzt, was parteitaktisch klug ist bei Terminsetzung, bei Aussagen, bei Formulierungen, zu welcher Zeit, an welcher Stelle, gegenüber welchen Gruppierungen, bei der Herausstellung von Persönlichkeiten, bei der Akzentuierung von Parteiprogrammen, ohne auch nur ein Wort darüber zu verlieren, wie das Ganze demgegenüber relativ einzuordnen ist, gegenüber der Forderung, daß das Ganze vor den Teilen zu rangieren hat. Meine Bestürzung wird um so größer, als dies nicht nur hingenommen wird, sogar beklatscht wird auf Parteitagen, sogar selbstverständliches Ritual und selbstverständlicher Verhaltenskodex geworden ist, und daß immer weniger in Kommentaren der Tagespresse, auch in tiefgründigeren Betrachtungen der Wochenpresse über dieses – ich nenne einmal etwas blaß – Phänomen kritisch nachgedacht wird. Es wird einfach schlicht zur Kenntnis genommen, und ich stelle mir die Frage, ob nicht dies auch ein Grund sogenannter Verdrossenheit über Parteien oder über das Ganze, gemeint ist über unsere Republik, sein könnte.

Meine Damen und Herren, auf dieser Basis muß ein gemeinsames Rechtsverhältnis aller Bürger aufbauen. Das Recht darf nicht als eine von außen zwingende Instanz erfahren werden, sondern muß im Pflichtbewußtsein des einzelnen Bürgers wurzeln. Denn wenn das Recht nur als äußerlicher Zwang empfunden wird, liegt es natürlich nahe, Recht und Gewalt zu verwechseln. Das geschieht leider schon. Manche haben den Blick dafür verloren, daß etwa polizeiliche Maßnahmen gegen gewalttätige Demonstrationen dem Bruch unseres gemeinsamen Rechts begegnen, und denunzieren sie, weil sie den Zusammenhang aus den Augen verloren haben, als nackte Gewalt.

Gesunde Skepsis, Kritik und Opposition gehören zu den Tugenden der

Demokratie. Demokratie braucht geistige Impulse, lebendigen Widerspruch, ja offenen, leidenschaftlichen Disput, um lebendig und vital zu bleiben. Aber genauso lebenswichtig ist: Jede Kritik muß an die Einsicht gebunden sein, daß der Erhalt unserer Republik die wichtigere Aufgabe ist und daß die im einzelnen notwendige Kritik den Staat insbesondere nicht in Frage stellen darf. Das Engagement für unseren freiheitlichen Rechtsstaat geht jeder Kritik voraus. Sie erhält ihre Berechtigung in dem Maße, in dem sie auf dieses grundsätzliche Engagement für den Staat verweisen kann.

Meine Damen und Herren, in unserer gegenwärtigen Situation, die gekennzeichnet ist einerseits durch eine stabile Republik und andererseits durch ein sich abzeichnendes Auseinanderstreben einer pluralistischen Gesellschaft, brauchen wir eine Offensive für die Demokratie, für den Grundkonsens der Demokraten auf breiterer Basis, für eine demokratische Kultur, die die Grenzen der eigenen Freiheit in der Freiheit der anderen sieht, die Toleranz mit Andersdenkenden, Fairneß in der politischen Auseinandersetzung und Kraft zum Friede – auch im Kompromiß – umfaßt.

An dieser Stelle, meine Damen und Herren, gestatten Sie mir einen kurzen Einschub, weil ich meine, daß politische Bildung gerade vor dem Hintergrund der heute viel diskutierten Frage der technischen Entwicklungen, mit der viele Menschen geistig und auch sonst nicht mehr Schritt halten können, daß politische Bildung zugleich Erziehung zur Menschlichkeit, Erziehung zu Humanität sein muß. Die technische Entwicklung – verläuft sie auch für den einen zu schnell für den anderen gerade richtig – erfaßt uns alle. Wir müssen, ob wir wollen oder nicht, uns mit ihr auseinandersetzen. Es hat keinen Zweck, sie blockieren zu wollen in einer sterilen oder stupiden Weise. Sie würde uns dann erfassen, und wir verpaßten die Chance, die technische Entwicklung im Sinne der Humanität einer menschlichen Gesellschaft nutzbar zu machen. Politische Bildung hat auch die Aufgabe, jungen Leuten ein „Ja" nahe zu legen zur Technik, zur wissenschaftlichen Forschung, zum Fortschritt, aber eben kein blindes „Ja".

Denn ich glaube, wir alle haben genügend Beispiele vor unserem geistigen Auge parat, wo technischer Fortschritt verbunden ist mit großartigen Chancen auch im Sinne der Humanisierung der Arbeitswelt, des Humanen überhaupt, aber andererseits verbunden ist mit enormen Risiken für die Gesellschaften, für den Menschen als Individuum, für staatliche Gemeinschaften.

Viele Beispiele fallen mir ein. Ich erwähne die Genchirurgie oder die Gentechnologie. Hier wissen wir, daß sie die große Chance für viele, viele Menschen, ja für die Menschenheit beinhaltet, daß neue Wege des Heilens beschritten werden können, daß Menschen von Erbkrankheiten befreit werden können, daß vielleicht sogar eines Tages Erbkrankheiten ausgemerzt werden können, aber daß wir neben dieser Chance natürlich auch das Risiko sehen müssen, daß der weitere Fortschritt im Bereiche der Genchirurgie die Gefahr heraufbeschwören kann – ich würde es vorsichtig ausdrükken – daß an der Wesenhaftigkeit des

Menschen manipuliert wird. Und daraus folgt, ich sage es noch einmal, trotz des „Ja" oder gerade wegen des „Ja" zum technischen und wissenschaftlichen Fortschritt, die ständige Bereitschaft, wachsam zu sein gegenüber dem, was sich dort vollzieht, und kein blindes „Ja" zu sagen. Die Erkenntnis sozusagen als Lehrsatz für die politische Bildung ist: Der Mensch darf nicht alles tun, wozu er technisch, wissenschaftlich in der Lage ist.

VI.

Meine Damen und Herren, ich sprach von der notwendigen Offensive für unsere Demokratie. Politische Bildung, die in dieser Weise für unsere Demokratie offensiv wird, muß unsere Republik vor der deutschen, und zwar der gesamten deutschen Geschichte darstellen. Nur so können insbesonders unsere jungen Mitbürger begreifen, unter welchen Anstrengungen freiheitliche Demokratie und rechtsstaatliche Verfassung erkämpft wurden und welche Konsequenzen ihr Verfall nach sich zöge.

Der feste Boden politischer Bildung ist das Grundgesetz auch als Summe der deutschen historischen Erfahrungen, der guten wie der bösen. Dazu gehören die düstere Erbschaft des Weimarer Zusammenbruchs und natürlich der nationalsozialistischen Diktatur ebenso wie das große Erbe der deutschen Geschichte in ihrer vielfältigen Gesamtheit.

Das Grundgesetz war Ausdruck des Willens, für alle Zeit Folgerungen zu ziehen für das friedliche und freiheitliche Zusammenleben der Menschen und Völker. Das Grundgesetz wollte Bollwerk sein gegen jede Diktatur, nicht nur gegen eine kommunistische.

Über die zeitlich näherliegenden Erfahrungen des Versagens der Weimarer Republik und der nationalsozialistischen Gewaltherrschaft ist viel gesprochen und geschrieben worden. Ich bekenne mich auch zu diesen Abschnitten deutscher Geschichte. Ich bekenne mich aber ebenso dazu, daß die Väter des Grundgesetzes auch an ein weiter zurückliegendes historisches Erbe anknüpfen konnten.

- Der Rechtsstaat hat mit seinen humanistischen Traditionen und rechtlichen Institutionen die deutsche Geschichte seit Jahrhunderten geprägt. Die Maxime Friedrichs des Großen: „Vor Gericht müssen die Gesetze sprechen, und der Herrscher muß schweigen",
- ich lasse einmal offen, ob er sich immer daran gehalten hat, das mögen die Historiker untersuchen, aber er hat dieses gesagt – zeigt eine auch im Vergleich zu anderen europäischen Ländern frühe Entwicklung hin zur Rechtsstaatlichkeit.
- Das allgemeine Wahlrecht wurde in Deutschland nicht später eingeführt als in Frankreich und früher als in den meisten Ländern dieser Welt.
- Die parlamentarische Repräsentation entstammt den alten Ständeparlamenten, die die Verantwortung der Landesherrschaft vor dem Land und seinen Repräsentanten konstituierten.
- Erbe der Verfassungen des 19. Jahrhunderts sind das parlamentarische Gesetzgebungsrecht und Haushaltsrecht.

- Der Föderalismus geht zurück auf die Kurfürstenverfassung des Heiligen Römischen Reiches deutscher Nation. Wir denken auch an die reichsstädtischen Republiken der Hanse und der Städtebünde.
- Der Sozialstaat ist altes deutsches Erbe, wobei ich jetzt einmal die Frage beiseite lasse, ob der Begriff des Sozialstaates ein kluger Begriff ist oder ein problematischer. Aber wir wissen, was damit gemeint ist. Der Sozialstaat in diesem Sinne ist altes deutsches Erbe. Normen der alten Zunftwirtschaft und der ebenso alten Gesellenbruderschaften haben sich mit christlicher Mildtätigkeit und den Möglichkeiten des modernen Interventionsstaates verbunden.

Meine Damen und Herren, so finden wir im Grundgesetz beide Traditionen deutschen Denkens: die freiheitlich-nationale und die europäisch-weltbürgerliche. Die Präambel des Grundgesetzes verankert ihre Vision des wiedervereinten Deutschland in der Idee des in Recht und Freiheit geeinten Europa.

VII.

Das lenkt unseren Blick von Schleswig-Holstein und Deutschland auf Europa und auf die Welt. Politische Bildung soll uns auch vor einem Provinzialismus bewahren und ihren Teil dazu beitragen, daß wir Schleswig-Holstein als Glied der Bundesrepublik Deutschland und mit Blick auf Europa und die Welt sehen. Ohne über den Tellerrand der Landesgrenzen hinauszuschauen, können wir nicht verantwortlich handeln. Einige Beispiele vielleicht, ich denke dabei an unsere Minderheitenpolitik im deutsch/dänischen Grenzraum ebenso wie an grenzüberschreitenden Naturschutz an der Grenze zu Mecklenburg oder an eine länderübergreifende Wirtschaftspolitik. Es könnten mir vielleicht sogar bessere Beispiele eingefallen sein.

Politische Bildung muß unseren Blick lenken auf unsere besondere geopolitische Lage: Ein geteiltes Land in Europa an der Bruchstelle zwischen Ost und West. Damit richtet sich unsere Aufmerksamkeit immer wieder auf das Recht des deutschen Volkes, in Freiheit seine Zukunft selbst zu bestimmen und friedlich zu verwirklichen.

Es ist eine der größten Aufgaben politischer Bildung, den Willen der Deutschen zur Einheit zu wahren. Wir müssen im Bewußtsein der Zusammengehörigkeit aller Deutschen an der Einheit unserer Nation festhalten. Wir Deutschen gehören zusammen, solange wir zusammengehören wollen. Aber auch nur solange.

Wer meint, der gegenwärtige Zustand Deutschlands sei historisch von Dauer und Deutschland könnte ohne Schaden für den Frieden in der Welt geteilt bleiben, ich sage es einmal vielleicht etwas übertrieben, hat wenig Sinn für Geschichte. Völker haben immer nach Freiheit gestrebt und sich gegen Teilungen gestemmt. Das Streben unseres Volkes nach Freiheit, nach Selbstbestimmung und Einheit bildet den Kern der deutschen Frage. Ein dauerhafter, wahrer Frieden in Europa wird nicht auf die Unfreiheit und Teilung eines Volkes gegründet. Die Teilung Deutschlands, ich darf hier unseren Bundespräsidenten zitieren: Die Teilung Deutschlands ist nicht das letzte Wort der Geschichte.

Politische Bildung, meine Damen und Herren, muß uns auch die Frage vorlegen, welche Rolle Europa spielen soll in einer sich abzeichnenden weltpolitischen Entwicklung, die die Bipolarität der Supermächte auflöst zugunsten weiterer Machtzentren: China und Japan im pazifischen Raum und – das sage ich natürlich ganz bewußt – selbstverständlich auch Europa.

Aufgabe der politischen Bildung ist, uns die europäische und weltpolitische Dimension unseres Handeln bzw. unseres Nachdenkens über politisches Handeln zu vermitteln. Politische Bildung muß uns sensibel machen für die Herausforderungen des internationalen ökonomischen Wettlaufs, der vom Schwung neuer wirtschaftlich-technischer Entwicklungen getragen wird. Wollen wir uns gegen die Konkurrenz des amerikanischen und pazifischen Raumes behaupten? Können wir es überhaupt? Wollen wir weiterhin Weltgeltung oder wollen wir uns damit begnügen, Provinz zu werden bzw. wo wir es schon sind, Provinz zu sein.

VIII.

Meine sehr geehrten Damen und Herren, wir stehen an der Schwelle zum 21. Jahrhundert, für viele ein Zeitraum, der emotional noch sehr weit entfernt zu liegen scheint. Die Zeitspanne bis dahin ist aber kürzer als die Kanzlerschaft Konrad Adenauers. Das 20. Jahrhundert geht zu Ende mit seinen Idealen und Irrtümern, mit seinen Erfolgen und Niederlagen, mit seinen Verdiensten und seiner Schuld.

Für ein 21. Jahrhundert, das ausgerichtet sein muß an der Würde des Menschen und einer Einbindung in Natur und Geschichte, an Frieden und Freiheit, brauchen wir eine politische Bildung, die offensiv wird für unsere Demokratie, für den Grundkonsens der Demokraten und für ein geeintes Europa.

Wir brauchen eine politische Bildung, die auch darüber nachdenkt, wie sie die Jugend in und außerhalb der Schule noch stärker ansprechen kann und wie sie über den Kreis der Multiplikatoren und der politischen Interessierten hinausgehen kann.

Entscheidend ist doch, unseren Kindern ein gutes Erbe zu hinterlassen, es ihnen in die Hände zu legen, einen freiheitlichen, einen blühenden, gefestigten Staat, sie durch Vorbild und Bildung in den Stand zu setzen, dieses Erbe anzutreten und es fortzuentwikkeln, um es dann ihrerseits weiterzugeben.

In diesem Sinne, meine Damen und Herren, wünsche ich der Landeszentrale für Politische Bildung von ganzem Herzen viel Erfolg auf diesem langen, nicht einfachen, aber wichtigen und immer wieder aktuellem Weg, ihren Beitrag zu dieser großen Aufgabe zu leisten.

Erich E. Geißler

Politische Bildung und Allgemeinbildung

1. Einleitend:

Für unser auf Allgemeinbildung ausgerichtetes öffentliches Schulwesen besteht heute angesichts der Frage, was Bildung bei der nächsten Generation eigentlich bewirken solle, eine deutliche Uneinheitlichkeit und damit zugleich eine allgemeine Legitimationsschwäche. Es gibt keine auch nur einigermaßen durchgängige Antwort und deshalb von Fall zu Fall auch höchst zufällige Interpretationen[1]). Für den Bereich der Politischen Bildung gilt dies alles eher noch verstärkt. Das hängt zusammen mit dem noch längst nicht genügend erkannten und erst recht nicht bewältigten grundsätzlichen Dilemma des pluralistischen Staates, der einerseits Wertneutralität fordert und sich deshalb folglich immer mehr zu einer allgemeinen Disponibilität aller Werte hinbewegt, der andererseits aber auch nicht einfach dieser Tendenz zum absoluten Relativismus stattgeben kann, wenn er sich nicht selber in Anarchie auflösen will. Da die im Unterricht organisierte Bildung und Erziehung, auch an öffentlichen Schulen, sich nicht ohne eine grundsätzliche Orientierung an Werten und auch an Sinnfragen veranstalten lassen[2]), geraten sie folglich in die gleiche Widersprüchlichkeit, die sich heutzutage in der Betrachtung des pluralistischen Staatswesens findet. Sie brauchen einen Konsens, für den es kein ausreichend legitimiertes Fundament gibt. Das mag in den Fällen einigermaßen überdeckt werden, wo in schulgemeindeartigen Schulorganisationen durch Einfluß der Eltern auf Lehrerauswahl, Schulorganisation und partiell auch Lernziele eine gewisse Einheitlichkeit bewirkt werden kann, wie sich das im Privatschulwesen findet. Im öffentlichen Schulsystem dagegen treibt dieses Dilemma zu gefährlichen Kontroversen.

Deshalb ist die Frage, was denn Allgemeinbildung in unserer Zeit sei, so einfach nicht abzutun, wie das mitunter geschieht; – so wenn einfach auf die Unterschiedlichkeit und auch Beliebigkeit individueller Wissensbestände verwiesen und das Problem damit aus dem Grundsätzlichen heraus verlagert wird. Vielmehr gilt in aller Deutlichkeit: Dieser notwendige Konsens, ohne den eine demokratische Gesellschaft nicht existenzfähig bleibt, hängt an Allgemeinbildung als an einer Bedingung, ohne die es nicht geht. Da diese im Zeitalter des unbegrenzten Pluralismus in ihrem Bestand bedroht ist, gilt dies dann zwangsläufig auch für eben diesen Konsens; mit allen Konsequenzen, die sich daraus für den Bestand einer freien, demokratischen Gesellschaft ergeben.

Daher ist es wichtig, erneut und beharrlich der Frage nachzugehen, was denn Allgemeinbildung in unserer Zeit sei[3]). Wobei man sich vor allem nicht von einem irritieren lassen darf, was durch die lange interne erziehungswissenschaftliche Diskussion um Bildung zu Genüge bekannt geworden ist: die traditionelle Randlosigkeit dieses Begriffs. So schwer es zweifellos sein mag, Bildung zu definieren[4]), so darf man doch nicht in die falsche Denkweise verfallen, wonach von der Schwierigkeit der Definition auf eine grundsätzliche Fragwürdigkeit des Gegenstandes geschlossen werden dürfte, nach der Art, daß wir künftig nicht mehr von Bildung reden sollten, weil sich Einigung über sie als so schwierig erweise. Im Gegenteil.

Der genau entgegengesetzte Denkweg ist der richtige. Trotz der Vielzahl widersprechender Auslegungen, Fehlinterpretationen und einseitiger Annahmen gehört Allgemeinbildung zur unentbehrlichen Grundausstattung der Person und ist deshalb eine anthropologische – nicht nur pädagogische – Kategorie von höchster Bedeutung.

Wer dies zugesteht – und ich glaube, die Konsequenz der Sache selber zwingt dazu –, trifft freilich immer zugleich auch Aussagen über Politische Bildung, weil, im vorgegebenen Problemrahmen weitergedacht, Bildung nicht mehr primär als ein Bürgerrecht verstanden als zweifellos so willkommene wie beherzigenswerte Hilfe für individuelle Aufstiegschancen, wie dies ja lange genug geschehen ist, sondern vielmehr als eine unabdingbare Bürgerpflicht. Denn nur über recht verstandene Allgemeinbildung kann jenes ausgewogene Verhältnis von Tradition und Distanzfähigkeit, Anpassung und Kritik hergestellt werden, das wir als den für Demokratie unverzichtbaren Bestand des Bürgers an Mündigkeit bezeichnen. Ohne den mündigen Bürger läßt sich freie Gesellschaft nicht denken. Bildung zur Selbständigkeit – als Form personaler Mündigkeit – kann man folglich nicht nur als individuelles Recht betrachten. Sie rückt, als Bürgerpflicht, in den Rang einer republikanischen Tugend auf[5]).

An dieser Stelle zeigt sich, wie begrenzt ein pädagogisches Denken bleibt, das entweder nur in den Schichtkategorien des sozialen Aufstiegs denkt oder aber auf das so grelle wie einseitige Modewort der Emanzipation setzt, das im letzten Vierteljahrhundert gerade unter Sozialwissenschaftlern wie kaum ein anderes die Geister verwirrt hat.

2. Allgemeinbildung als Politische Bildung

So betrachtet zeigt sich zunächst eine interessante Umkehrung unseres Hauptthemas. Denn wir haben bislang nicht so sehr Politische Bildung als Teil der Allgemeinbildung dargestellt, sondern vielmehr Allgemeinbildung in ihrer sachlogischen Hinordnung zur Politischen Bildung: Wohlverstandene Allgemeinbildung sei immer zugleich auch Politische Bildung. Ja, folgen wir der Überlegung, wonach auf den unaufhebbaren Grundkonsens hin orientierte Bildung als Form republikanischer Tugend sich ausweist, dann muß man folgern, daß sich Allgemeinbildung immer daran messen lassen muß, in welchem Maße sie sich zugleich als Politische Bildung qualifiziere.

Das scheint nun freilich kein origineller Satz zu sein und ist obendrein ein gefährlicher, denn einige ideologisch besetzte Vertreter Politischer Bildung sagten bereits dasselbe. Zumindest zwei mögliche Mißverständnisse müssen deshalb ausgeräumt werden. Ein erstes liegt in der Möglichkeit einer generellen Politisierung der Allgemeinbildung, wie dies ja in der Tat in der zurückliegenden Zeit von verschiedenen Seiten her zu erreichen versucht worden ist. So hat vor allem Giesecke argumentiert, die politische Bildung könne ihrem Auftrage nur in dem Maße gerecht werden, wie sie „Grenzen des überlieferten Bildungsbegriffs überschreitet."[6]) Mollenhauer hat diese Argumentationsstruktur auf Pädagogik insgesamt ausgeweitet: „Der Pädagogik als Praxis wie als Theorie (falle) die Aufgabe zu, in der heranwachsenden Generation das Potential gesellschaftlicher Veränderung hervorbringen."[7]) Das war in beiden Fällen konsequente Fortführung des Habermas'schen Satzes, der die geforderte Einheit von Allgemeinbildung und politischer Bildung folgendermaßen begründet hat: Das „Interesse des Menschen an Mündigkeit" sei die „einzige Idee, deren wir im Sinne der Tradition mächtig sind."[8])

Die solchen Ansichten zugrundeliegende Argumentationsstruktur deutlich herauszustellen ist wichtig, um Allgemeinbildung aus dieser Art politischer Vereinnehmung heraushalten zu können. Die Basissätze sind getreuliche Wiederauflage eines verhältnismäßig frühen Aufklärungsverständnisses; – was den kritischen Analytiker verwunderlich stimmen muß, denn es gibt ja mittlerweile eine differenziertere Auffassung über Geschichte und Inhalt von Aufklärung:

- Aufklärung sei, nach Kants Definition, Heraustreten aus selbstverschuldeter Unmündigkeit.
- Selbstverschuldete Unmündigkeit zeige sich vor allem im Festhalten an Vorurteilen, vor allem Kulturformen, die sich in Form herrschaftsausübender Institutionen darstellten.
- Deshalb sei Aufklärung wichtigstes Ziel zeitgenössischer Bildung zur beständigen kritischen Trennung zwischen Ist-Zuständen und Soll-Werten.
- Solche Art von Kritikfähigkeit zu entwickeln sei primäre Aufgabe der Schule, die sich eben damit als Instrument der Aufklärung etabliere und zum Motor permanenter gesellschaftlicher Veränderungen avanciere.

Das Falsche solcher Sätze liegt in ihrer halben Wahrheit. Der erste Satz ist zweifellos richtig: Aufklärung ist ein Heraustreten aus sebstverschuldeter Unmündigkeit. Der Satz sagt freilich noch nicht, aus was der Aufgeklärte konkret heraustreten soll, zumal Mündigkeit sich immer an den verschiedenen Verhältnissen von Pflicht reibt, in die Person (nach Kant) unablöslich verhaftet bleibt. Stellen Treue, Fleiß, Genauigkeit als Formen von Pflicht, Gewissenhaftigkeit oder, weil unkritisch übernommene Vorurteile, Unmündigkeit dar? Dies dann angesichts der uns deutlich gewordenen Möglichkeit, daß Pflichtverhältnisse alle mißbrauchbar sind. Deshalb bringt der zweite Satz aus dem ersten nicht ableitbare Uminterpretationen und Einengungen, die teils geschichtsphilosophisch, teils lebensphilosophisch beeinflußt sind. Hier beginnt bereits die Crux der Interpretation, die sich in der Kritik des dritten Satzes dann besonders deutlich zeigt, weil in ihm nicht deutlich genug darauf hingewiesen wird, wie sehr doch diese Trennung von Ist-Zuständen und Soll-Werten eine hochkomplexe Aufgabe darstellt, die alle Institutionen der Gesellschaft herausfordert und die man nicht privater Beliebigkeit überlassen kann. Weil dies so ist, wird der vierte Satz schließlich zur glatten Überheblichkeit, weil er die Kompetenz der Schule und ihrer Lehrer hoffnungslos überfordert. Denn weder fällt der Pädagogik als Wissenschaft die Kompetenz zu, über das Sein-Sollende von sich aus zu befinden, noch kann man diese der Schule als gleichsam „vierter Macht im Staate" übertragen.

Noch ein zweites mögliches Mißverständnis sei kurz angesprochen; längst zurückgewiesen, aber ungemein zäh und nicht minder rabiat als das erste. Es ist dies die immer wieder nach vorn drängende funktionalistische Annahme, Schule sei Subsystem der Gesellschaft und habe sich folglich reibungslos deren jeweiligen Veränderungen anzupassen.

Wir dürfen keiner dieser beiden Annahmen folgen. Deshalb zunächst noch einmal der wichtige Grundgedanke, weshalb sich qualifizierte Allgemeinbildung immer notwendig auch als Politische Bildung erweise. Daran schließt sich dann an, inwiefern aus dieser Deduktion sich auch die Umkehrung ableiten läßt, daß Politische Bildung ein unverzichtbares Stück an Allgemeinbildung darstelle.

Zunächst also zum Grundlagenproblem einer Allgemeinbildung heute. Einleitend sei auf die wichtige Differenz zwischen den beiden Begriffen Bildung und Erziehung hingewiesen, die man zwar heute gerne miteinander verschleift, das heißt synonym gebraucht, deren Unterscheidung indes aus Sachgründen dringend erforderlich ist. Bildung („Kultur nach der Seite ihrer subjektiven Zuneigung" nannte sie Adorno) wendet sich an den Menschen als Erkennenden, Wissenden, Urteilenden. Erziehung nimmt mehr die Seite des wollenden und handelnden Menschen in den Blick[9]). Dieser zweite Aspekt der einen pädagogischen Aufgabe wurde in unseren Schulen freilich regelmäßig vernachlässigt und findet auch heute weithin zu wenig Beachtung. Weshalb gerade in diesem Zusammenhang energisch auf die Bedeutung eines „erzieherischen Unterrichts"[10]) hinzuweisen ist.

Es kommt hinzu, daß in der heutigen sozialwissenschaftlichen Literatur zwei Anthropologien tonangebend sind, die sich beide als nicht sonderlich bildungs-, vor allem nicht erziehungsfreundlich erweisen.[11]) Wir finden auf der einen Seite eine monadologisch ausgerichtete, entelechisch gedachte Entfaltungskonzeption, die im Denkstil einer organologischen Analogie menschliche Entwicklung als Selbstentfaltung, Selbstbestimmung, Selbstverwirklichung versteht. Hier vor allem treten die vielen um „Selbst" gebildeten Komposita auf. Hier hat auch die Kritik ihren Ursprung, wonach jeder Erziehungsanspruch rechtlos sei, weil er sich als „autoritäre Stilform", als „Fremdsteuerung und Fremdbestimmung" oder als „Anpassungsdruck" erweise.

Dem steht die Konzeption eines Sozialdeterminismus entgegen; erkennbar vor allem an den zeitweise nachgerade ausufernden Untersuchungen über Sozialschicht und Schulerfolg, sozialdeterminierte Sprache und Intelligenzentwicklung, in denen allen das Individuum als Funktion seiner sozialen Umwelt erscheint. Dies sollte besonders auch für „Begabung" gelten.

Wichtig ist, daß in den vor allem von der Franfurter Schule ausgehenden Entwicklungen beide zunächst im Widerspruch zueinanderstehenden Konzepte gesellschaftskritisch miteinander verbunden worden sind. In der dort geleisteten Verschmelzung von Marx'scher Geschichtsphilosophie (Verdrängung) wurde der Widerspruch zwischen Entfaltungsideologie und Sozialdeterminismus aufzuheben versucht:

- Die heutige Gesellschaft erweise sich als repressiv und wirke folglich in der Form eines permanenten Sozialdeterminismus „entfremdend": durch institutionelle Zugriffe, durch autoritäre Strukturen und Stile, durch ihre Moralkonzeption insgesamt und nicht zuletzt auch durch ihre Leistungsorientierung.
- Sobald jedoch diese Repression im Zuge der vorangetriebenen Emanzipation beseitigt sein werde, verschwände auch der Sozialdeterminismus und mache dann möglicher „Selbstverwirklichung" Platz.[12])

So besehen geht Allgemeinbildung völlig in Politischer Bildung auf. Wobei man freilich hinter dieser Art Politischer Bildung zugrundeliegend das monopolistische Aufklärungsverständnis sehen muß, wie es hier bereits beschrieben worden ist. In dieses Denken verflochten zeigen sich zudem typische lebensphilosophische Denkstrukturen: vor allem die Abneigung gegen Gesellschaft, die sich – zumindest in ihrer gegenwärtigen Form – als eine ständig kupierende, fremdsteuernde anpassungsorientierte erweise, der Glaube an eine „Unschuld des Werdens" und damit an die Priorität der „natürlichen Bedürfnisse" gegenüber gesellschaftlichen Ordnungsformen, folglich die damit oft verbundene Glorifizierung von Anarchie als einer angeblich „höheren Ordnungsform" und einer „Apotheose des Selbst". Von solchen Annahmen ausgehend wurden die meisten pädagogischen Begriffe um- und vorinterpretiert: Selbstbestimmung, Selbstentfaltung hier wie auch ihre negativen Entsprechungen wie etwa autoritär, angepaßt, repressiv dort.

Gleiches scheint aber auch für die politischen Grundbegriffe zu gelten. Nur dürfte hier eine gegenläufige kritische Diskussion noch nicht so weit fortgeschritten sein, wie dies im pädagogischen Bereich seit einiger Zeit der Fall ist. Erkennbar wird die dort noch bemerkbare Einseitigkeit daran, daß der Staat und alle mit ihm verbundenen Institutionen fortgesetzten Legitimationszwängen unterworfen werden, „Verweigerungsstrategien" sich in den Vordergrund schieben und Legalität gerne als Anpassung denunziert wird; besonders daran, daß Recht nicht mehr als unser gemeinsames Recht erscheint und interpretiert wird, sondern als ein primär klassen- und schichtorientiertes. Kein Wunder, daß dann Gesetze nur noch im Anstrich eines äußerlichen Zwanges auftreten und jede Verbindung zwischen ihnen und dem moralischen Gebot von Pflicht zurückgewiesen wird.[13]) Dies aber verweist auf die oft militante Verweigerung eines Grundkonsenses als einer angeblichen Ideologie.

Wichtig für eine angemessene Kritik dieser verbreiteten Haltung ist vor allem, daß sich hinter diesen Annahmen immer wieder das gleiche monopolisierte und vor allem einseitige Aufklärungsverständnis finden läßt.[14]) Von hier muß deshalb die grundlegende Kritik ausgehen, daß nämlich diese Version von Aufklärung ein historisch begrenztes Denken darstellt, das sich lediglich selber mit einem falschen Anspruch auf Allgemeingültigkeit ausgestattet hat.[15])

Man muß – immer wieder und mit großer Geduld – diesem Denken die um den Person-Begriff gelagerte bessere Anthropologie entgegenhalten und der damit zusammenhängenden Aussage, wonach der Mensch ens sociale sei (zoon politikon).[16]) Das bedeutet folgendes: Person ist „unteilbarer Selbstand eines geistigen Wesens"[17]), worin die interessante Ableitung Substanz – „Selbstand" – Selbständigkeit – deutlich wird. Daran anknüpfend bedeutet ens sociale weiter ausgeführt: Diese Personqualität der Selbständigkeit ist nicht einfach gegeben (selbstentfaltet), sondern vielmehr aufgegeben, das heißt, in ihrer Entwicklung von Sozialbezügen abhängig. Der Mensch wird nur durch den Menschen Mensch, lehrte bereits Comenius und danach vor allem Pestalozzi in seiner großartigen Anthropologie. Das Ich ist keine selbstentfaltete Monade, sondern kann sich selber nur als Ich fassen, indem es über die soziale Hilfe anderer, die wir Bildung und Erziehung nennen, Selbständigkeit gewinnt. Damit werden beide, Bildung und Erziehung, zu grundlegenden anthropologischen – nicht nur pädagogischen! – Kategorien.

Der von daher zu formulierende so notwendige wie grundsätzliche Widerspruch gegen die lebensphilosophische Apotheose des Selbst heißt deshalb: Wenn der Mensch – als Vater, Mutter, Lehrer, Nachbar, Mitbürger – so in mein individuelles Sein hineinragt, daß ich mich ohne solche Sozialbezüge überhaupt nicht als Ich erfassen kann, dann ist es auch keine Zumutung und keine Herrschaft oder Fremdsteuerung, wenn ich mir etwas von anderen sagen lasse, auch nicht, daß ich den Anspruch des gemeinsamen Rechtes als Pflicht begreifen lerne. In allen diesen Fällen gilt, was sich bei Erikson so liest:[18]) Man müsse, ehe man darüber redet, was die Gesellschaft dem Kinde alles nimmt, zunächst doch einmal nachsehen und prüfen, was sie dem Kinde – und dem Menschen generell – alles gibt.

Von dieser Grundlage aus weitergedacht sind jetzt drei fundamentale Begriffe näher zu bedenken, in denen Allgemeinbildung und Politische Bildung zusammenkommen, wobei jedesmal die gegenwärtig vorfindliche lebensphilosophische Vorinterpretation durch Konfrontation mit einer ungleich ausgedehnteren Ideengeschichte zurückgewiesen wird. Es handelt sich dabei um die Begrifflichkeiten Freiheit, Moralität und Verantwortung.[19])

Freiheit ist, in der beschriebenen, personorientierten Weise betrachtet, keine Beliebigkeit, als was sie heute zumeist erscheint (das jeweilige nicht weiter ableitbare individuelle Bedürfnis), sondern vielmehr die notwendige Voraussetzung der eigentlichen menschlichen Ordnungsform der Moralität. Damit ist folgendes gemeint: Wir finden in der Betrachtung von „Welt" (als Totalität von Mensch und Natur) drei unterschiedliche Ordnungsprinzipien: die der Kausalität (die strikte Verbindung von Ursache und Wirkung; vornehmlich im Bereich der anorganischen Natur), der Finalität (im Bereich der organischen Natur, als Entelechie im Sinne irreversibler Wachstumsprozesse, als Instinkt im Handlungsraum des noch nicht zum Selbstbewußtsein erhobenen Bewußtseins). Beiden Ordnungsformen unterliegt der Mensch, sofern er Teil der anorganischen und organischen Natur ist. Beide stellen aber noch nicht die typische menschliche Ordnungsform dar, die sich im Begriff und in der Sache der Moralität ausspricht. Moralität heißt eine Ordnung, die als Sollensgesetz über die Menschen in die Welt eintritt und sich erst in und durch deren Handlungen realisiert. Nicht ohne Grund waren folglich „republikanische Tugenden"[20]) stets auch auf Moralität gegründet und verständlich ist dann auch sofort, weshalb heute das eine mit dem anderen weithin verloren gegangen ist und ihre Rehabilitation – der Republik wie der Tugend – außerordentlich schwerfällt. Wiederum in diesem Denkzusammenhang weitergedacht wird „Verantwortung"[21]) nicht nur Zumutung, sondern ergibt sich aus dem einfachen Tatbestand, daß keine Individualität als große Einzelgängerin leben kann, folglich in ein geregeltes Verhältnis zu ihresgleichen treten muß. Damit ergibt sich die notwendige allgemeine Verantwortung vor den anderen (soziale Verantwortung), die rechtlich kodifizierte Verantwortung im Rahmen des gesetzlich geregelten Zusammenlebens in einer Gesellschaft und schließlich Verantwortung als moralisch eingelenkte Differenzierung zwischen gut und schlecht, die jeder in jedem Urteil und jeder Handlung ständig zu leisten hat. Denkt man von dieser Position aus, wird tatsächlich Allgemeinbildung zur „Bürgerpflicht" und damit zu einem Stück unverzichtbarer Politischer Bildung. Bildung nur als „Bürgerrecht" betrachtet bleibt dagegen im Zustand der Ich-Bezogenheit verhaftet, der Vorrangigkeit individueller Aufstiegschancen. „Bürgerpflicht" dagegen heißt: über Allgemeinbildung die unaufhebbare soziale Verflechtung des Menschen erkennen und daraus die nötigen Schlüsse für Urteilsbildung und Handlungsdimensionen zu ziehen. Wozu jetzt durch wenige Stichwörter nur der angemessene Rahmen angedeutet werden kann:

- Personwerdnung durch die soziale Hilfe der vormundschaftlich begriffenen Bildung und Erziehung,
- individuelle Freiheit durch eine gesicherte soziale Ordnung,
- das Recht zur Maxime des eigenen Handelns machen zu können und dazu
- die allgemeingesellschaftliche, auf wechselseitiges Vertrauen gegründete Ordnung als moralische Aufgabe des Bürgers betrachten.

Nachdem Allgemeinbildung derartig auf Politische Bildung hin interpretiert worden ist, kommen wir jetzt ohne Bruch und Gegensätze, zur Umkehrung der Argumentationskette: daß Politische Bildung ein unverzichtbarer Teil jeder Allgemeinbildung sei.

3. Politische Bildung als Allgemeinbildung

Sicherlich ist die hintergründige Gefahr nicht verborgen geblieben, die in der bisherigen Argumentationsweise enthalten ist. Denn wird Allgemeinbildung generell auf Politische Bildung hin ausgelegt, verwandelt sich Politische Bildung zu einem durchgängigen Prinzip der Allgemeinbildung und löst sich damit möglicherweise als separates Fach auf. Deshalb ist die folgende Umkehrung notwendig. Diese heißt: Es gibt einen spezifischen Beitrag zur Allgemeinbildung, den nur das Fach Politische Bildung leisten kann, der entsprechend gewürdigt werden muß und für das folglich ein angemessenes Zeitmaß für Unterricht bereitzustellen ist.

Bislang habe ich ausgeführt: Der Mensch als ens sociale sei nicht entelechisch, monadologisch, „selbstentfaltet", sondern brauche zu seiner Personwerdung soziale Hilfe, in der sinngemäß auf Comenius wie Pestalozzi zurückgehenden Wendung deutlich: Der Mensch wird nur durch den Menschen Mensch. Diese Hilfe, wurde dann gesagt, dürfe nicht zufällig (nur funktional) bleiben, sondern brauche den institutionell geregelten Rahmen von Bildung und Erziehung. Damit werden wir aber sofort auf ein höchst bedeutsames Wechselverhältnis hingewiesen: So wie Bildung und Erziehung Institutionen der Gesellschaft braucht, so brauchen die Institutionen der Gesellschaft zu ihrem Bestand Bildung und Erziehung, damit der grundlegende Ordnungsrahmen des gemeinsamen Rechtes gelernt, verstanden und eben dadurch am Leben erhalten werden kann.

Damit zeigen sich die fundamentalen Aufgaben einer auf Allgemeinbildung hin orientierten Politischen Bildung, deren Erträge für Allgemeinbildung unerläßlich sind, wenn der aufgestellte Denkzusammenhang – wonach Allgemeinbildung unerläßliche Bürgerpflicht sei – ausgefüllt werden soll. Sehen wir uns dazu einige der wichtigsten Themenbereiche an, auf die Politische Bildung daher verwiesen wird und für die sie verantwortlich ist.

1) Grundlegend ist ein angemessenes Verständnis vom Staat als Rechtsstaat, der Republik als res publica. Dabei ist wiederum dreierlei Fundamentales zu

berücksichtigen; einmal, daß sich der republikanische Staat weder als Kollektivismus, noch als Nachtwächterstaat eines liberalistischen Konzeptes verstehen darf, sondern sich als Solidarität freier Bürger ausweisen muß; zweitens, da dafür republikanische Tugenden – ich benutze das Wort absichtlich und mit Nachdruck – auszubilden sind; drittens, daß dieses Konzept im ausgefalteten Pluralismus der Gegenwart die Basis eines Wertekonsenses braucht, zu dem unablöslich die lange Zeit vergessene Kategorie „Gemeinwohl" gehört.

2) Genauso unabdingbar und damit fundamental ist es, den Rechtsgedanken in angemessener Weise zu entwickeln, damit Recht nicht nur als eine äußerlich zwingende Instanz erfahren wird, sondern vielmehr das Pflichtbewußtsein des Bürgers anspricht. Denn versteht der Bürger Recht nicht als Pflicht, bleibt es eine tatsächlich äußerlich zwingende Instanz; mit allen unabweisbaren Konsequenzen, die bei einer Verwechslung von Recht und Gewalt notwendigerweise auftreten müssen.

3) Mit diesem Konzept konfligiert zwar nicht notwendig, aber kontrastiert doch erheblich der ausgebreitete Pluralismus[22]), der, als Voraussetzung individueller Freiheit, natürlich erhalten bleiben muß, dessen immanente Gefahr, zum toleranten Relativismus fortzudrängen, aber nicht übersehen werden darf. Diskussionen um einen Wertekonsens sind von daher verständlich zu machen und damit auch die unaufhebbare Bedeutung, die einem solchen Konsens zukommt. Hier zeigt sich die im pädagogischen Denken bekannt gewordene Antinomie von „Befreien und Binden" (Jonas Cohn) als eine auch für das Politische gültige Bestimmung.

4) Aber nicht nur in diesen großen Themen hat Politische Bildung angemessene Grundlagen zu schaffen. Wichtig ist außerdem, auf Themen hinzuweisen, die, so weit ich sehen kann, in der derzeitigen Politischen Bildung eher an den Rand gedrängt erscheinen oder vornehmlich negativ dargestellt werden. Dazu gehört vor allem der Bereich der Nationalökonomie im Theoretischen und der Wirtschaft im Konkreten. Es dürfte nicht verkehrt sein, in diesem Bereich von einem deutlichen Analphabetismus zu sprechen. Ja noch schlimmer: „Wirtschaftliche Interessen" oder „Profit" gelten als Schimpfwörter; und dies bei einem nicht zu kleinen Teil unserer sogenannten Intellektuellen und damit auch in weiten Teilen unserer Schulwirklichkeit. Die antike Überheblichkeit über den „Nährstand" scheint trotz vieler Aufklärung noch ungebrochen, und so ist es nicht verwunderlich, wenn in großen Bereichen unserer Schulwirklichkeit (wie übrigens in unserer gesamten Kultur) Arbeitssituationen als Anpassungsdruck diffamiert werden, über Leistungsdruck geklagt, ja Dysfunktionalität zu einer neuen Tugend hochstilisiert wird. Hier zeigt sich besonders deutlich, wie eng doch die Verführungsgewalt vieler Utopien einerseits mit einem deutlichen Mangel an Realitätsbezug andererseits einhergeht. Die unaufhebbare ökonomische Basis unseres sozialen Wohlstandes wird nicht nur nicht gesehen, Schüler werden in einem nicht unbeträchtlichen Maße durch Schule systematisch dazu angeleitet, den Ast abzusägen, auf dem sie selber und mit ihnen wir alle sitzen.

Fassen wir dies alles zusammen: Wird Politische Bildung auf Allgemeinbildung hin interpretiert, geht es vorrangig nicht um die Beschreibungen von Funktionen (wie ein Parlament arbeitet, wie Gesetze entstehen), auch nicht primär um Statistisches (Wanderbewegungen bei Wahlen etwa), sondern um die Grundlagen, man könnte auch sagen: die Lebensbedingungen des zoon politikon in einer auf Gemeinwohl ausgerichteten res publica.

Freilich bleibt uns – wie in der Bildung allgemein, so auch hier – der Hinweis nicht erspart, daß zwischen Wissen und Erkenntnis eine Differenz besteht. Die Gefahr des „Verbalismus", von der Hans Aebli[23]) mit dem Blick auf Unterricht so oft spricht, gilt für alle handlungsorientierten Wissenschaften gleichermaßen und damit auch für ihre fachliche Präsentation in den Schulen. Wie diese Gefahr des Verbalismus unterrichtsorganisatorisch zu umgehen ist, mag eine spezielle Frage an den Fachdidaktiker sein, auf die ich hier nicht weiter eingehen kann. Grundsätzlich tut sich dabei aber ein weitreichendes pädagogisches Problem auf, das nicht übersehen werden darf und das an die sachlich notwendige Unterscheidung zwischen Bildung und Erziehung anschließt. Es müßte, auf diese Differenz bezogen, zwischen einer Politischen Bildung einerseits (die nach der entwickelten Definition sich vorrangig an den wissenden und urteilenden Menschen richtet) und einer Staatsbürgerlichen Erziehung andererseits (die vornehmlich den wollenden und handelnden Menschen in den Blick nimmt) und den jeweils unterschiedlichen Lehr- und Lernzielen getrennt werden.

Damit hängt dann auch zusammen, daß Politische Bildung und Staatsbürgerliche Erziehung, um noch einmal Pestalozzi zu zitieren, zuerst in den „nächsten Verhältnissen" organisiert werden müßten: die Art und Weise der Unterrichtsgestaltung, der Klassenatmosphäre und des Schullebens als anschauungs- und erlebnisträchtige Exempla; dies, weil alle Abstraktionen (wie Staat, Republik, Recht sie darstellen) notwendig zugeordnete Erfahrung brauchen, wenn sie in ihrer Bedeutung von Schülern erkannt werden sollen. Mit dieser Art Anbindung ist keine volkstümliche „Sozialkunde" gemeint. Vielmehr werden Möglichkeiten für „soziales Lernen" gefordert, die man sich nicht auf den Bereich der Politischen Bildung beschränkt denken darf, die vielmehr als ein für alle Unterrichtssituationen und für das gesamte Schulleben durchgängiges didaktische Prinzip anzusehen sind.

Ein letztes bleibt zu erinnern: Wenngleich der Satz zu Recht gilt, daß Mißbrauch einen sinnvollen Gebrauch nicht aufheben darf, so muß man doch rechtzeitig mögliche Ambivalenzen in Augenschein nehmen, damit sich daraus ergebende Folgen vermeiden, zumindest abschwächen lassen. So hat Lichtwark, der energische Vertreter der Kunsterziehungsbewegung, seinen Zeitgenossen wiederholt eingeschärft, daß kunsterzieherischer Unterricht das gerade zerstören könne, was ihr herausragendes Ziel sei[24]): vermehrtes Interesse an Kunst zu entwickeln. Es gibt heutzutage nicht selten den sehr ernst zu nehmenden Seufzer vieler christlicher Eltern, daß ihr Kind doch von den Folgen eines

„kontraindikatorisch" wirkenden Religionsunterrichtes bewahrt bleiben möge. So ist dann auch Politische Bildung sicherlich das Fach, in dem am ehesten und leichtesten und wohl auch am meisten Information in Manipulation und Staatsbürgerliche Erziehung in Indoktrination hinüberwechseln könnte, daß nämlich „in der heranwachsenden Generation das Potential gesellschaftlicher Veränderung hervorzubringen" sei. Solches überforderte nicht nur die Schüler (bis in die Gymnasialoberstufe hinein), die doch wohl zuerst solide Kenntnisse brauchen, ehe sie zu einer sachlich fundierten Kritik weiterschreiten können; das überforderte schließlich auch die Schulen insgesamt und alle in ihr tätigen Lehrer, weil die grundsätzliche Frage nach Erhaltung und Veränderung im Bereich der gesellschaftlichen Kultur die politische Kompetenz aller ihrer Institutionen braucht und nicht die der Schule allein.

Anmerkungen

1) Zum Zusammenhang von Allgemeinbildung und Politischer Bildung vgl. meine drei Publikationen:

- Allgemeinbildung in einer freien Gesellschaft; Düsseldorf 1977
- Allgemeine Didaktik. Grundlegung eines erziehenden Unterrichts, Stuttgart 1981
- Die Schule. Theorien. Modelle. Kritik, Stuttgart 1984.

2) Vgl. auch: Schmiederer, Rolf: Zur Problematik politischer Bildung in der Schule, Darmstadt 1975, Bd. I, S. 276 bis 291. Hier heißt es: „. . . jede Theorie politischer Bildung muß zwar von den bestehenden Verhältnissen im Bildungswesen ausgehen, sie muß diese aber gleichzeitig kritisieren und auf Veränderung im Sinne optimaler Entfaltungsmöglichkeiten politischer Bildung drängen." (S. 276)

3) Ich kann mich dabei inhaltlich auf großen Strecken mit den Überlegungen B. Sutors in: Philosophische Grundlagen der Politischen Bildung, in: Gutjahr-Löser, P./Knütter, H.: Der Streit um die politische Bildung, München 1975 identifizieren, wenn auch mit dem formalen Unterschied, daß sich Sutors Ausführungen primär auf Politische Bildung beziehen, während ich vornehmlich von Allgemeinbildung rede.

4) Vgl. Geißler, E.E.: Allgemeinbildung in einer freien Gesellschaft, a.a.O., S. 29.

5) Ebd. S. 53 f.

6) Giesecke, H.: Didaktik der politischen Bildung, München 1965, S. 49.

7) Mollenhauer, K.: Erziehung oder Emanzipation, München 1968, S. 66.

8) Habermas, J.: Erkenntnis und Interesse, Frankfurt 1968, S. 348.

9) Vgl. Geißler, E.E.: Allgemeinbildung in einer freien Gesellschaft, a.a.O., S. 87 f. und
ders.: Die Schule, a.a.O., S. 65 ff.

10) Vgl. den Untertitel meiner Allgemeinen Didaktik: „Grundlegung eines erziehenden Unterrichts".

11) Vgl. Geißler, E.E.: Allgemeinbildung in einer freien Gesellschaft, a.a.O., S. 40 ff.

12) Vgl. dazu folgendes Zitat bei Schmiederer, R.: Zur Problematik politischer Bildung in der Schule, a.a.O., S. 277:

„Die Praktiken der Reinlichkeitsdressur, Formen und Inhalt der Sexualerziehung, das Verhalten von Eltern und Lehrer sind für den Bestand und die Entwicklung der Demokratie entscheidender als Art und Umfang, Methode und Inhalt der ‚Sozialkunde' in der Schule. Erziehungsorganisation und Erziehungsmethoden, Formen und Normen der Sozialisierung sind aber Funktionen der jeweiligen Gesellschaft; wir werden uns also vor übertriebenen Hoffnungen hüten müssen: die Voraussetzungen der Demokratie, der freie, weil psychisch unverbogene und unverklemmte Mensch wird eine Ausnahme bleiben, solange die Grundstruktur der Gesellschaft repressiv ist."

[13]) Vgl. dazu Bayertz, K.: Zur Funktion der gegenwärtigen Grundwertediskussion, in: Bayertz, K./Holz, H.H. (Hg.): Grundwerte. Der Streit um die geistigen Grundlagen der Demokratie, Köln 1978, S. 9–29.

[14]) Geißler, E.E.: Emanzipation oder Aufklärung?, in: Zöller, M. (Hg.): Aufklärung heute, Zürich 1980, S. 78–98; vgl. außerdem:

ders.: Welche Farbe hat die Zukunft? Über politische Kultur im technischen Zeitalter, Bonn 1986, bes. das 5. Kapitel.

[15]) Vgl. die Ausführungen „Das Ende der Neuzeit" in: Geißler, E.E.: Die Schule, a.a.O., S. 301 ff.

[16]) Vgl. Geißler, E.E.: Allgemeinbildung in einer freien Gesellschaft, a.a.O., Kap. 4.

[17]) Nach der Formel des Boethius: „Persona est . . . naturae rationabilis individua substantia", in: Boethius: Contra Eutychen Nestorium, in: The Theological Tractates, herausgegeben und übersetzt von E.K. Rand und H.F. Stewart, London 1946, S. 72–127, Zitat S. 84.

[18]) Erikson, E.H.: Kindheit und Gesellschaft, Stuttgart 1961.

[19]) Vgl. dazu meinen Beitrag „Aspekte einer ‚humanen Schule' heute", in: Geißler, E.E. (Hg.): Bildung und Erziehung – Notwendige Korrekturen im Schulverständnis, Köln 1982, S. 161–173; außerdem das Protokoll der Walberberg-Tagung im Juni 1986 „Verantwortung" (nicht im Buchhandel erhältlich).

[20]) Isensee, J.: Republik – Sinnpotential eines Begriffs, in: Juristenzeitung, 36. (1981), Nr. 1, S. 1–8.

[21]) Jonas, H.: Das Prinzip Verantwortung, Frankfurt 1982 (3).

[22]) Vgl. hierzu „Die öffentliche Schule in der Spannung von Pluralismus und Konsens", in: Geißler, E.E.: Allgemeine Didaktik, a.a.O., S. 238 ff.

[23]) Aebli, H.: Bildungsfeindlicher Verbalismus, in: Geißler, E.E. (Hg.): Bildung und Erziehung . . ., a.a.O., S. 38–46.

[24]) Lichtwark, A.: Der Deutsche der Zukunft; ders.: Die Einheit der künstlerischen Bewegung; beide in: Flitner, W./Kudritzki, G. (Hg.): Die deutsche Reformpädagogik, Düsseldorf 1961, S. 99–119.

Karl Dietrich Bracher

Demokratie und Ideologie im 20. Jahrhundert*

I. Das Problem der Ideologisierung

In seinen Maximen und Reflexionen sagt Goethe: „Derjenige, der sich mit Einsicht für beschränkt erklärt, ist der Vollkommenheit am nächsten."[1])

Dieser Satz des Dichters kann durchaus auch auf jene zwei Schlüsselbegriffe der Politik bezogen werden, die unsere Zeitgeschichte betreffen: nämlich die Demokratie als Staatsform der Selbstbeschränkung und die Ideologie als Denkform der Selbstüberhebung.

Von der Spannung zwischen diesen beiden Polen des politischen Denkens und Verhaltens ist die Geschichte des 20. Jahrhunderts in besonderem Maße geprägt worden. Versprechung des Vollkommenen – und Erfahrung des Beschränkten: das sind die elementaren Gegensätze, zwischen denen unser Zeitalter seit dem großen Sprung in die moderne Wissenschaft und Technik, in Weltwirtschaft und Weltpolitik, aber auch in totalitäre Diktaturen und Zerstörungssysteme von bislang unerhörtem Ausmaß hin- und hergerissen wurde.

Das gilt bis auf den heutigen Tag. Immer aufs neue in diesem Jahrhundert haben Philosophen und Literaten, Publizisten und Politiker behauptet und versprochen, die wissenschaftlichen und politischen Formeln zur Bewältigung aller Probleme seien gefunden, ja ihre endgültige Lösung stehe unmittelbar bevor, und immer wieder folgte dann der geistig-politischen Überspannung die Enttäuschung und Ernüchterung, so daß schließlich viele Beobachter (wie z.B. Daniel Bell 1959)[2]) den nicht minder trügerischen Schluß von einem baldigen Ende der Ideologien zogen. Wir hören diese Stimmen auch heute wieder, so wenn nun im Blick auf den angeblichen Verfall des Kommunismus das „Ende des ideologischen Zeitalters" verkündet wird[3]) (so von Peter Bender, 1981) und jedenfalls vom Altern und Ermatten der

Ideologien wie zugleich vom Ende des neuzeitlichen Fortschrittsbegriffs die Rede ist[4]) (Iring Fetscher 1980). Im Gegensatz dazu steht die neuerliche Warnung des französischen Philosophen Raymond Aron[5]), der von der „Unsterblichkeit der Ideologie" spricht und von der fortdauernden „Gefährdung des Westens durch Irrationalität": denn es bleibt das allgemeine Bedürfnis des Menschen nach ideeller Überhöhung der Wirklichkeit, das seit der Säkularisierung auch nicht mehr durch Religion und Kirche erfüllt wird.

Als „Zeit der Ideologien" charakterisiere ich in meinem gleichnamigen Buch das politische Denken des Jahrhunderts, das immer neue Anstrengungen zur Selbstüberhöhung unternimmt, während die Versuche der Selbstbeschränkung im Zeichen des gemäßigten Staates, des limited government, meist der stolzen Verachtung zumal der Intellektuellen unterliegen.[6]) Einerseits erleben wir Vernachlässigung und mangelnde Verankerung einer freiheitlichen Demokratietheorie, andererseits aber die Schärfe und Popularität einer Demokratiekritik, die nicht nur bei der Linken als geistig anspruchsvoller, als intellektuell attraktiver gilt.

Die Ideologisierung der modernen politischen Gedanken- und Ideenkreise, die seit dem 18. Jahrhundert herangereift waren, geschah in mehreren großen Wellen unserer Zeitgeschichte: zunächst zwischen dem Aufbruch der Jahrhundertwende und des Ersten Weltkriegs unter den aufwühlenden Wirkungen Nietzsches, der Sozialdarwinisten, der Macht- und Elitephilosophie von Sorel und Pareto wie des Marxismus-Leninismus, aber auch der neuen Wissenschaften der Soziologie und Psychologie; eine zweite Welle in den zwanziger und dreißiger Jahren bringt die politische Konkretisierung und Umsetzung jener Gedanken mit den Epochendaten der kommunistischen, faschistischen und nationalsozialistischen Regime, die vor allem auch ideologische Regime waren; dem folgen dann nach 1945 die Wellen von ideologischer Erschöpfung und Entideologisierung, doch während der sechziger Jahre setzt schließlich wiederum eine fieberhafte Re-Ideologisierung ein, die seit dem Einbruch der Öl- und Wirtschaftskrise schließlich in eine neue Krise des Fortschrittsbewußtseins geführt hat[7]), mit Tendenzen zur scharfen Abwendung von der modernen Industriegesellschaft überhaupt.

Die Ideologisierungsvorgänge unseres Jahrhunderts erfassen alle politischen Ideenkreise der Neuzeit: liberales und konservatives, demokratisches und nationales, sozialistisches und revolutionäres, imperiales und rassistisches Gedankengut. Es wird angesichts globaler Umwälzung von Staaten und Gesellschaften im Zeitalter der Massen, ihrer Demokratisierung und diktatorischen Verführung zur Rechtfertigung politischen Handelns eingesetzt. Diese Verwandlung politischer Ideen in Ideologien ist inzwischen weltweit auf die Entwicklungsländer und neuen Staaten ausgedehnt worden, die in beschleunigter Folge denselben Modernisierungskrisen wie Europa unterworfen sind. Ein unstillbares Bedürfnis nach Weltanschauung anwortet hier auf die wissenschaftlich-rationale Weltdurchdringung. Es wächst im selben Maße, in dem traditionale Religions- und Werthaltungen zurückgehen, gleichzeitig aber der unaufhaltsame Fortschritt von Wirtschaft und Gesellschaft im liberalen Sinne immer nachhaltiger in Frage gestellt wird. Die wiederholten Mißbräuche und Brechungen des Fortschritts in den großen Krisen unseres Jahrhunderts haben rationale Gewißheiten erschüttert und empfänglich gemacht für irrationales Denken, ob es kulturpessimistisch oder utopistisch auftritt.

In diesem Auf und Ab der Hoffnungen und Enttäuschungen unserer Epoche registrieren wir zweierlei große gegensätzliche Bewegungs- und Kristallisationskräfte: das neue Jahrhundert verspricht eine Ära der scheinbar unaufhaltsamen Ausbreitung der Demokratie zu werden, deren Triumph mit dem Sieg der Westmächte im Ersten Weltkrieg besiegelt scheint; aber es führt auch mit der kommunistischen Revolution von 1917, mit den Machtergreifungen Lenins, dann Mussolinis und Hitlers in die schärfsten und umfassendsten, unmenschlichsten Diktaturen der Geschichte.[8]) Dieser Widerspruch ist geistig und sozial begründet. Vorstellungen, die auf realistische politische Reformen zielten, stehen einlinige Mobilisierung und ideologische Verführung der anwachsenden Massen gegenüber, die im Zeichen ihrer Entfremdung durch Industrialisierung und Verstädterung der Manipulation durch moderne Organisations- und Propagandaformen ausgeliefert sind. Von der „Rebellion der Massen" sprach der spanische Kulturphilosoph Ortega y Gasset am Vorabend der Hitler-Ära (in seinem Bestseller „Aufstand der Massen"), und nicht minder pessimistisch und demokratieskeptisch betrachtete im gleichen unheilschwangeren Jahr 1931 Karl Jaspers die „geistige Situation der Zeit", ohne damals freilich noch die Hauptgefahr, die totalitäre Stoßkraft des Nationalsozialismus, hinreichend zu beachten.[9])

Warum diese Krise der Demokratie gerade im Augenblick der Verwirklichung des allgemeinen Wahlrechts und zunehmender Anerkennung des Prinzips der Volksherrschaft? Und warum gleichzeitig diese Stärke und Schärfe der ideologischen Bewegungen, die sich gegen den liberalen Staat wenden und in autoritäre und totalitäre Diktaturen von bislang unerhörter Verführungs- und Unterdrückungskraft führen? Es hängt gewiß mit gravierenden wirtschaftlichen Problemen zusammen, nicht zuletzt aber mit der Tatsache, daß die freiheitliche Demokratie die anspruchsvollste und schwierigste politische Denkstruktur darstellt. Sie ist von allen Staatsideen am schwersten zu akzeptieren, gerade weil sie die Selbstbeschränkung politischer Macht, den Schutz von Minderheiten anstelle des Rechts des Stärkeren und das garantierte Recht der Opposition zur Aufgabe hat.

Gewiß gab es schon immer das Ringen um die rechte politische Ordnung, um politische Ideen und Zukunftsentwürfe, auch ihren propagandistischen Gebrauch zur Rechtfertigung von Machtstreben und Machtausübung, seit es menschliche Gesellschaft, Staaten, bewußte Geschichte gibt. Aber das Neuartige unseres ideologischen Zeitalters tritt doch in dreifacher Hinsicht zutage. Erstens in der Legitimitätsfrage: noch nie haben politische Systeme und Herrschaftsformen unter einem ähnlich starken Anspruch und Druck gestanden, sich auch geistig rechtfertigen, ihren Machtbereich ideell begründen und möglichst weit ausdehnen zu müssen[10]); sie benötigen einen ideellen Unterbau[11]) und sind insofern gerade nicht mit der alten marxistischen Überbautheorie zu erfassen. Auch fordert der Übergang vom Gottesgnadentum zur Volkssouveränität neue Herrschaftsbegründungen. Zweitens das moderne Kommunikationswesen: noch nie standen für jene Begründungen so weitreichende technische Mittel zur Verfügung, war unsere Welt mit ihren verschiedenen Staats- und Gesellschaftssystemen politisch-kommunikativ so eng zusammengerückt, konnten deshalb Wettstreit und Konflikt der politischen Gedanken auch solche globalen Ausmaße, eine so direkte, intensive Einwirkung auf alle Gruppen der Bevölkerung gewinnen; Politik wird Kommunikation insofern, als die Formung einer „öffentlichen Meinung" durch Massenbeeinflussung entscheidende Bedeutung erlangt, ja in der Hand geschickter Politiker Geschichte macht.

Hier sind wir beim dritten Punkt, der damit eng zusammenhängt. Es handelt sich um die Manipulierbarkeit und Ohnmacht solcher öffentlicher Meinung, die doch ein so wichtiger Faktor ist. Macht und Herrschaft fallen starken und entschlossenen Regimen zu, die sich der Idee ohne Rücksicht auf die Wahrheitsfrage „ideologisch" bedienen und sie für sich nutzbar machen, so daß sie mehr oder weniger zur „veröffentlichten" oder fabrizierten Meinung werden; immer wieder zeigt sich, wie schwer, ja unmöglich es ist, ideologische Regime von innen zu überwinden, solange und sofern sie im Alleinbesitz der Kommunikationsmittel sind.

Wir finden uns also in der paradoxen Situation einer Übermacht und zugleich Ohnmacht politischer Ideen gegenüber der Realität des Machtgeschehens. Die verschiedenen politischen Lager und Regime treiben nüchterne Machtpolitik, und doch zielt ihre Anstrengung vor allem auch auf geistige Rechtfertigung dieser Politik: durch einen Riesenaufwand an Produktion und Reproduktion von Ideen und deren immer effektivere, massenkommunikative Verbreitung als „Propaganda" – von der Kulturpropaganda bis zur psychologischen Kriegsführung. Es ist diese Funktionalisierung und Instrumentalisierung der Ideen im Dienst der Macht- und Einflußpolitik, die zugleich zu einer Ideologisierung des politischen Denkens in allen Lagern führt.

Am deutlichsten jedoch lassen sich Charakter und Wirkung moderner Ideologien in jener scharfen, ausschließenden Form erkennen, die mit dem Auftreten totalitärer politischer Ziele und Denkstile entsteht. An totalitären Weltanschauungen, ob sie nun älteren Schichten des monokratischen Denkens zugerechnet[12]) oder aus dem Rousseauismus und radikalen Egalitarismus der modernen Revolutionen abgeleitet werden[13]) oder ob man sie erst der links- und rechtsradikalen Zuspitzung von Sozialismus und Nationalismus in unserem Jahrhundert zuschreiben möchte[14]), lassen sich besonders Wesen und Funktion des Ideologisierungsgeschehens in Staat und Gesellschaft ablesen.

Als Kern des Ideologisierungsvorgangs erscheint hier die Tendenz zu einer extremen Vereinfachung komplexer Realitäten: der Anspruch, sie auf **eine** Wahrheit zu reduzieren und zugleich (dichotomisch) aufzuspalten in gut oder böse, richtig oder falsch, Freund oder Feind, also mit einem einzigen Erklärungsmuster die Welt bipolar zu erfassen, wie es besonders die marxistische Klassentheorie oder die nationalsozialistische Rassentheorie versuchen. Die Ausbildung von Feind-Stereotypen und Sündenbock-Strategien sind als Mittel zur Vereinfachung und Integration sozialer und politischer Pluralität ebenso wichtig wie die eher vagen Versprechungen und Visionen, die demgegenüber den „positiven" Gehalt darstellen. Dabei wird dem Bedürfnis nach Orientierung und Sicherheit durch die Verheißung endgültiger Einsichten und Prinzipien Rechnung getragen, die sowohl glaubensmäßig wie (pseudo-)wissenschaftlich begründet werden. Die Verbürgung absoluter Wahrheit nicht erst im Himmel, sondern auf Erden gibt der Ideologie den Charakter säkularisierter Heils- oder Erlösungsreligion, die jede ideelle Alternative ausschließen möchte, indem sie diese als „bürgerlich", „objektivistisch" oder ähnlich diskreditiert, ohne daß es der Wahrheitsbeweise bedürfte.

Mit dem Anspruch und im Besitz dieser Weltanschauung gehört deren Träger einer selbsternannten Elite an; sein Erkenntnisprivileg und Wahrheitsmonopol legitimieren zugleich den unbeschränkten Machtanspruch, den er gegenüber allen relativen, eingeschränkten Gesellschafts- und Staatsformen erhebt und gegebenenfalls revolutionär durchsetzt: von Platons regierenden Philosophen über den Terror der Jakobiner zu Lenins Avantgarde und Hitlers SS-staatlichen Ordensburgen spannt sich ein Bogen jenes totalitären Ideologieverständnisses, das sich selbst freilich von jedem Ideologieverdacht freispricht. Unser Jahrhundert hebt sich vor anderen auch dadurch heraus, daß es die allgemeine Anfälligkeit der Intelligenz und nicht nur der „Massen" für solche Denkformen in besonders erschreckendem und folgenschwerem Maße erweist.

Aber in allen drei Perioden vor, zwischen und nach den beiden Weltkriegen geht es dabei doch um eine fundamentale, wehrhafte Frontstellung. Es ist das Gegenüber eines freiheitlich-demokratischen, um gemäßigte Politik bemühten Staatsverständnisses und eines rigorosen, militant vorwärtsdrängenden ideologischen Herrschaftsanspruchs. Das entspricht in vielem dem Gegensatz der Vorstellungen von einer offenen und einer geschlossenen Gesellschaft, wie sie der von Hitler aus Österreich ans andere Ende der Welt vertriebene Sozialphilosoph Karl Popper in der Entscheidungszeit des Zweiten Weltkriegs formuliert hat, als er in der fernen neuseeländischen Stadt Christchurch 1944 sein Buch „Die offene Gesellschaft und ihre Feinde" abschloß.

Die Verteidigung unserer Kultur, so schrieb Propper damals, hänge davon ab, daß wir es „wagen, Ideen zu kritisieren, die, wie wir zugeben müssen, einen wichtigen Teil unseres geistigen Erbgutes bilden. Unsere Furcht vor einer teilweisen Kritik dieses Erbgutes kann die Zerstörung des Ganzen zur Folge haben."[15]) Popper sieht diese Gefahren in dem, was er im Untertitel seiner beiden Bände den „Zauber Platons" (Bd. I) und die „Falschen Propheten – Hegel, Marx und die Folgen" (Bd. II) nennt: Philosophen also, die grundlegend für das moderne politische Denken sind. Aber die Tatsache, daß diese Philosophen und ihre ideologischen Nachdenker zugleich mit dem Anspruch auf ein geschlossenes, totales Denksystem auftreten oder so verstanden und benutzt werden, ermöglicht deren Ideologisierung und wirkt zerstörend auf die Offenheit des Denkens.

In der Tat eignen sich diese Systemdenker besonders für die Ideologiebildung, die unser Jahrhundert bestimmt. Eine Anmaßung der Geschlossenheit und Letztgültigkeit, die pseudoreligiöse Züge trägt, charakterisiert die modernen Ideologien von links wie von rechts. Sie sind zugleich antidemokratisch, sofern sie im Begriff des Politischen die absolute Richtigkeit der **Entscheidung**, der Dezision, an die Stelle des pluralistischen **Kompromisses**, der beschränkten Übereinkunft, setzen.

II. Totalitäres Denken

Der Jahrhundertanfang bedeutet eine Wende für beide, sowohl für die Ideologisierungsvorgänge wie für die Problematik des Demokratiegedankens. In vollem Gang war damals schon der Zusammenstoß zwischen dem liberal und rational begründeten Fortschrittsdenken der Neuzeit und den neuen Strömungen des politischen Irrationalismus, die mit modernistischen und antimodernistischen Vorzeichen bewaffnet den Aufstieg der politischen Religion vorbereiten.

Drei verschiedene Beispiele für diesen Zusammenstoß wurden bereits erwähnt: in Nietzsches Kulturkritik geht es um die Heraufkunft des Massenmenschen und die Bedeutung der Elite und des starken Einzelnen; für die Sozialdarwinisten und Rassisten um die Übertragung von Darwins Selektionslehre auf eine Gesellschaftstheorie vom Kampf ums Dasein und dem Herrschaftsrecht der stärkeren Nation oder Rasse; für die neue Psychologie um die innere Entdeckung des Menschen gegenüber der äußeren Machbarkeit und vermeintlichen Perfektion der menschlichen Verhältnisse durch äußeren Fortschritt. Allen gemeinsam ist der große Zweifel an der bestehenden Gesellschaft, den sie anmelden.

Die Entdeckung des Unbewußten und Unterbewußten war durchaus fällig in einer Zeit, in der die Beeinflussung der Massen durch moderne Propaganda, die „Massenpsychologie"[16]), sowohl zur Steigerung der Wirtschaft durch Konsum wie auch zur Legitimierung der Herrschaft durch plebiszitäre Zustimmung technisch entwickelt wurde. Das galt nicht nur für Mehrheitsherrschaft in der Demokratie, mit Freiheit der Willensentscheidung und Wettstreit um die Beeinflussung der Massen. Es galt auch für die Machtergreifung und Herrschaftsausübung von Minderheiten, die im Namen und auf dem Rücken der Demokratie diktatorisch zu regieren, das heißt öffentliche Meinung durch Überzeugung, Meinungsdruck und Zwang zu erzeugen und zu manipulieren suchten. So konnte sich moderne Propaganda die zunehmenden Einsichten in die Bedeutung des Un- und Unterbewußten, des Nichtrationalen und Emotionalen zunutze machen. Damit wurden zugleich die Schwächen des liberalen Glaubens an einen Fortschritt, der auf der erzielbaren Verstandsnatur des Menschen beruhte, aufgedeckt.

Es war die Zeit der Kreation „politischer Religionen"[17]): d. h. pseudoreligiöser Ideologien, die mit dem doppelten Anspruch auf wissenschaftliche Geltung und zugleich religiöse Unbedingtheit auftraten. Sie verhießen, das durch moderne Wissenschaft und Säkularisierung Getrennte wieder zum Einklang von Kultur und Technik, von Politik und Kultur zu bringen; dabei suchten sie jedem jedes zu versprechen, Sammelbewegung und Sammelglauben zu sein und zugleich in scharfer Konfrontation den absoluten ideologischen Gegner auszumachen: also Integrations- und Feindideologie in einem. Denn die Kehrseite war der betont einseitige Kampf- und Aktionscharakter der totalitären Bewegungen, die sich solcher politischen Ersatzreligionen bedienten.

Ungleich schärfer als alle bisherigen Ideenbewegungen auf den rücksichtslosen Kampf gegen die politisch Nichtgläubigen, den totalen Feind gestellt, verkündeten sie die endgültige Überwindung des Pluralismus und der Klassengesellschaft, die volle Verwirklichung des Allgemeinen, die totale Identität von Regierenden und Regierten: im unerbittlichen Sinne der Rousseauschen **volonté générale**, die bis dahin nur als Idee und Wunschtraum existiert hatte.[18])

Das war das Neue, bislang Unerhörte, das sich dann zuerst mit der Revolution Lenins Bahn brach, aber in den Ideologiebildungen aus der Jahrhundertwende mit einem Zerfall der klassischen Ideenkreise vorbereitet war. Dem klassischen Liberalismus und seinem Gesellschafts- und Staatsbegriff wie dem klassischen Sozialismus, soweit beide auf den Gedanken der freiheitlichen Demokratie gerichtet waren, traten nun rechts- und linksabsolute Variationen entgegen, die zum Kampf um die Macht und zur Integration aller Kräfte die Diktatur rechtfertigten, sich gleichzeitig aber auf alle jene Gedanken beriefen, die in der bisherigen Ideengeschichte zur Verbesserung und Erfüllung der Gemeinschaft entwickelt worden waren: politische Einigung und soziale Gerechtigkeit, Volksherrschaft und internationale Ordnung wurden zur geschichtlichen Sendung der Nation oder Klasse verfälscht.[19])

Verschärfend wirkte dabei ein sozialdarwinistisch begründetes Machtverständnis, das betont rassistische Elemente enthielt. Es ist im Ersten Weltkrieg und danach zu der aktuellsten Steigerung gelangt. Besonders Hitler war und blieb darauf bis zur letzten Konsequenz des Rassenkriegs und der Rassenvernichtung fixiert.[20]) Das heißt zwar nicht, daß totalitäre Politik nur ein konsequentes Resultat von Ideen war: Kriege, Krisen und Machtkämpfe haben sehr reale und konkrete materielle Ursachen, und die Organisation politischer Systeme hängt von Traditionen und Personen ab, die nicht leicht auf eine Formel zu bringen sind – es sei denn, man verfiele in eine Art umgekehrten Rassismus oder Ideologismus. Aber die Politker, Intellektuellen und Bewegungen, die sich seit der Jahrhundertwende zunehmend Wirkung bei den anwachsenden „Massen" verschafften, waren doch tiefer durchdrungen und beeinflußt von den machtdarwinistischen Fortschritts- und zugleich Rassevorstellungen, als es die liberale Überzeugung von einer endlich vernünftigen Lösung aller Weltprobleme wahrhaben wollte. Der zukunftsgewisse Glaube an den Fortschritt schlug schon um die Jahrhundertwende sehr verschiedene Richtungen ein: demokratische und totalitäre, links- und rechtsprogressive.

In der Tat haben wir es dann vor allem in der Zwischenkriegszeit mit philosophisch und national-historisch sehr unterschiedlichen Formen autoritären und totalitären Denkens zu tun. Auch Faschismus und Nationalsozialismus sind ja keineswegs gleichzusetzen, wie das vor allem in der marxistischen Faschismustheorie geschieht, die auch heute noch oder wieder alle Gegner als faschistisch bezeichnet, obwohl sich dies schon 1933 als verhängnisvolle Fehlbeurteilung erwiesen hat. Der Faschismus vertritt im Blick auf die große römische Vergangenheit eine national-imperiale Sendungsideologie mit sozialistischem Einschlag und dem starken Staat als Höchstwert, der Nationalsozialismus hingegen eine völkisch-antisemitische Integrationsideologie mit der germanisch-nordischen „Rasse" als Höchstwert; beide geben sich betont antimarxistisch, doch ebenso betont antikapitalistisch, und beide sind nicht so sehr als bürgerliche denn als national-revolutionäre Antiparteibewegungen an die Macht gelangt.

Andererseits sind sie aber durchaus auch mit dem Kommunismus zu vergleichen, gerade weil dieser die erklärte Gegenideologie zu Faschismus und Nationalsozialismus darstellte. Ausgangspunkt und Rahmen des modernen Kommunismus war eine elaborierte, betont wissenschaftliche Theorie mit empirischem Anspruch, freilich utopischem Hintergrund. Aber es waren die Adaptionen an die revolutionäre Strategie Lenins und an die diktatorische Herrschaft selbst, die der kommunistischen Ideologie innerhalb wie auch außerhalb der Sowjetunion erst ihre politisch reale Form gaben, und diese war sowohl autoritär (Parteielite) wie zugleich totalitär (Lenin-und Stalinkult). Real waren vor allem der Zwang zum Kollektivismus und die quasimilitärische Struktur, absolute Unterwerfung des Individuums und Verfolgung aller tatsächlichen oder vermeintlichen Abweichungen. Auch der russische Autokratismus und Imperialismus bleiben präsent, wenngleich mit neuen ideologischen Vorzeichen: Diktatur des Proletariats und sozialistische Weltrevolution rechtfertigen nun, was zuvor unter dem Traditionsanspruch des „dritten Rom" und des Panslawismus den Despotismus geheiligt hatte.

Vergleichen wir dies mit den faschistischen und nationalsozialistischen Ideologien, so erweist sich der rationale und progressistische Kern des Kommunismus – Befreiung des Proletariats –, der so viele Intellektuelle romantisch oder atavistisch anzog, weitgehend als Propaganda. Auch der modernisierende Technizismus, der dann unter Stalin den kommunistischen Fortschrittsanspruch bestimmte, kam im wesentlichen der Machtsteigerung zugute, die in der weiteren Entwicklung ganz besonders auf die militärische Stärke abzielte, während die ökonomische wie die politische Infrastruktur gegenüber allen Verheißungen weit zurückblieb: auf militärische Macht nach innen (Geheimpolizei) wie nach außen sollte sich die weitere Machtentfaltung des Kommunismus auch in der nachstalinistischen Zeit vor allem stützen.

Tatsächlich bildete der Kommunismus die erste und ursprünglichste Spielart des Totalitären. Das gilt nicht nur zeitlich im Hinblick auf seine Machtergreifung. Er knüpfte auch anders als Faschismus und Nationalsozialismus an Traditionen des politischen Rationalismus und der Französischen Revolution an, allerdings an deren radikale, jakobinische Phase. Wie Robespierre die Durchsetzung des Wahren durch Gewalt und Schrecken (terreur) auch gegenüber den Abweichlern beanspruchte, so bildete die Berufung auf den „reinen" Marxismus gegenüber der reformistischen „Entartung" und dem „Verrat" der übrigen Sozialisten den Ausgangspunkt und Alleingeltungsanspruch des (leninistischen) Kommunismus und seiner elitär-totalitären Parteitheorie, die schließlich in eine nicht minder totalitär gefaßte bürokratische Diktatur im Verbund von Partei und Staat mündete. Nicht das „Absterben des Staates", sondern die unerhörte Steigerung und Permanenz dieser Diktatur war künftig Richtschnur und Inhalt der offiziellen, alleingültigen sowjetkommunistischen Ideologie. Trotz mancher Auseinandersetzung blieben denn auch die meisten kommunistischen Parteien totalitär im Anspruch.

Wie immer verfassungs- und idelogietheoretisch der Totalitarismus verstanden werden mag, gemeinsam war und ist den großen antiliberalen Ideologien das Streben nach Monokratie oder Oligarchie im Namen der Volksherrschaft und die Vernichtung der Opposition. Willkür und Gewalt werden, wo nicht überhaupt als unumgänglich im Geschichtsprozeß angesehen, mit dem höheren Recht der Revolution oder des neuen Gemeinschafts- und Herrschaftsprinzips sanktioniert. Dazu kommt der Anspruch, den unumgänglichen Gesellschaftswandel durch Erfassung der gesamten Bevölkerung planvoll zu gestalten und die modernen technischen Mittel voll einzusetzen. Sie machen den Diktaturen des 20. Jahrhunderts ein so viel wirksameres Instrumentarium der Kontrolle und des Zwangs verfügbar: neben Bürokratie und Polizei die weitverzweigten Organisationen der Partei, aber auch Justiz und Bildungswesen. Wieweit dies tatsächlich gelingt, ist eine andere Frage, wie wir nach den Aufständen in Ost-Berlin (1953), Budapest (1956) und Prag (1968) heute wieder in Polen sehen. Auch die Kirche kann hier noch eine wesentliche Gegenkraft sein. Aber intentionell und potentiell ermöglicht der technische Fortschritt solchen Diktaturen – und ihren Gesellschafts- und Herrschaftsideologien – über den politischen Bereich hinaus den Anspruch auf monokratische Erfassung der gesamten Gesellschaft.

Dabei bleibt die Berufung auf „das Volk" nicht nur ein traditionelles Herrschaftsmittel, wie es schon die Tyrannen der Antike handhabten, wenn sie die „formlose Menge" im Sinne Platons gelegentlich zur Machtmanipulaton einsetzten, sondern „Volksherrschaft" wird nun als überdemokratische Volksgemeinschaft oder kollektive Volksgenossenschaft stilisiert. Fortwährende Beteiligung und pausenlose Mobilisierung der gesamten Bevölkerung ist das scheindemokratische Axiom, wie es jetzt auch wieder in den totalitären Partizipationsbegriffen der neuen Linken mit großer Wirkung wiederkehrt.[21]) In Wahrheit ist eine solche totale Partizipationsforderung nicht etwa notwendig demokratisch, sondern im Gegenteil höchst manipulierbar, gerade auch gegen die Demokratie. Das tritt vor allem in Zeiten der Krise und des Übergangs zur Diktatur hervor, wie auch das Ende der Weimarer Republik mit der hohen Wahlbeteiligung und der großen Mitgliederzahl zumal der Diktaturparteien beweist.[22])

Man hat auf der anderen Seite immer wieder die Ernüchterung, ja zynische Verachtung weiter Bevölkerungskreise gegenüber ideologischen Formeln beobachtet und die tatsächliche Wirksamkeit einer „politischen Religion" im Sine der rechts- und linkstotalitären Glaubenssysteme in Frage gestellt. Das mag für Perioden ideologischer Ermattung in der nachstalinistischen Zeit oder auch schon bei Rückschlägen des Faschismus gelten. Doch bleibt das Maß an Hinnahme von ideologischen Glaubensformeln bemerkenswert, auch wo diese in Konkurrenz zu starker Kirchen- und Religionstradition stehen – wie damals in Italien und Deutschland. Die Stärke solcher Formeln wird gerade in extremen Krisenlagen wie 1941 in der Sowjetunion, 1944/45 in Deutschland deutlich (wo die Niederschlagung des Widerstands und das Durchhhalten im verlorenen Krieg mittels Wunderparolen der NS-Propaganda erfolgreich der Masse der Bevölkerung suggeriert wird).

Aber eines ist unbestreitbar: die Ideologisierung der Politik, seit dem absolutistischen Nationalstaat und der Volkssouveränitätslehre in stetem Ansteigen begriffen, hat in der modernen Diktatur einen Höhepunkt erreicht. Was zuvor in der englischen und dann auch in der amerikanischen Revolution als Rechtfertigungs- und Sendungsgedanke sichtbar wurde, tritt in den Ideologisierungsphasen der Französischen Revolution erstmals radikal hervor. Statt der herrschaftlichen Staatsräson des Monarchen ist nun die geradezu mythische Kraft des Volkswillens allein und total maßgebend: sich auf ihn zu berufen, heißt die totale Verfügung nicht nur über die Macht, sondern auch über die moralischen Werte in Anspruch nehmen, wie das Robespierre und die Jakobiner taten. Die Ideologisierung des Volkswillens, gegen den es keinen Widerstand mehr geben darf, bringt das eigentlich totalitäre Prinzip hervor, sie ist die Grundlage jeder modernen Diktatur, sofern diese über traditionelle Diktaturformen der Militär- und Autoritätsregime ohne Ideologie hinausgeht.[23])

Je weniger nun diese totalitäre Ideologisierung des „unteilbaren, einheitlichen Volkswillens" der Wirklichkeit entsprach, desto härter die Zwangsmittel und desto fanatischer der Kampf zur Durchsetzung: die Situation des Bürgerkriegs verlangt die notfalls gewaltsame Herstellung der Einheit, und über den Interessenkampf, der solchen Konflikten zugrunde liegt, soll und kann daher nun eine einzige Instanz entscheiden: der Diktator, die Monopartei. Die Ideologisierung, die dies legitimiert, erfordert nicht nur die realitätswidrige Vereinheitlichung, sondern die quasireligiöse Totalverbindlichkeit der politischen Werte und Ziele, ja die aktive Glaubensbeteiligung der Bevölkerung an den Akten der Regierung: völlige Zustimmung als Zwang zum ständigen Mitmachen. Eine solche Ideologisierung der Politik, die zuerst in der „religion civile" der Jakobiner mit aller Konsequenz praktiziert wurde[24]), beruht auf dem eigentlich totalitären Zentralprinzip des Leninismus wie des Nationalsozialismus, das beide dem politischen Rousseauismus verbindet und einander vergleichbar macht: es ist die Erhebung einer von Führer und Partei verkörperten, allen Einzel- und Gruppenwillen bedingungslos übergeordneten Volonté générale zur allmächtigen Instanz.

Die alte Suche nach dem einen tragen-den Prinzip aller Politik war in diesem Ideologisierungsvorgang ans Ende gelangt. Er bildete eine machtvolle, unendlich verführerische Gesamtalternative zu den bloßen Einzelbemühungen demokratischer Theoretiker, einen tragfähigen Kompromiß zwischen Einzel- und Gesamtinteresse, zwischen Vielfalt und Einheit zu finden. Überdies schien damit auch der große Zweifel und die fundamentale Kritik am liberal-individualistischen Fortschrittsglauben zugunsten des wahren, gesellschaftlichen und nationalen Progressismus aufgehoben.

Noch eines war den großen Ideologien gemeinsam: ihr politisch wie geistig ausschließlicher Anspruch. Wie der Leninismus glaubte, alle Ideologien einschließlich der Religion hinter sich gelassen zu haben, so waren auch für den Faschismus und für den Nationalsozialismus die bürgerlichen Weltanschauungen abgetan; nur noch die marxistische galt es „auszurotten", wie sich Hitler auszudrücken pflegte. Sich selbst nahmen diese erklärten Ideologien oder Weltanschauungen vom „Ideologieverdacht" ausdrücklich aus, von dem sie sonst so sehr profitierten. Überhaupt richtete sich die intellektuelle Kritik vorwiegend gegen das liberale und dann auch gegen das sozialdemokratische Demokratieverständnis, liebäugelte dagegen sehr mit dessen antirationalen Kritikern in den verschiedensten Lagern.[25])

III. Komplikationen des demokratischen Denkens

Nun wird gewiß auch gegen liberales und demokratisches Denken der Ideologievorwurf erhoben. Aber der entscheidende Unterschied liegt eben darin, daß dieses als freiheitliches, pluralistisches Denken erklärtermaßen offen verstanden und praktiziert wird, während der beherrschende Anspruch der Ideologien gerade auf ihrer Geschlossenheit und Ausschließlichkeit beruht.

Dafür fehlte freilich nach dem Ersten Weltkrieg weithin das Verständnis der breiten Bevölkerung wie auch der Akademiker und Intellektuellen. Die Demokratie wurde mit den schwer lösbaren wirtschaftlichen Problemen identifiziert. Daß sie mehr war als ein Übergang oder gar eine Entartung der Geschichte, mochte man allenfalls in den traditionsgefestigten monarchischen Demokratien Englands und Skandinaviens und in der allzu fernen Präsidialdemokratie Amerikas glauben, nicht dagegen in den krisengeschüttelten Parlamentsdemokratien der dritten französischen Republik und des übrigen Europa. Als Staatsform der Modernisierung schienen zumal der Parlamentsdemokratie mit ihrem Vielparteiensystem die nötige Stabilität und Kontinuität, aber auch die innere Autorität und Substanz zu fehlen. Sie verfügte weniger über jene transrationalen Gefühls-und Glaubenswerte, ohne die offenbar kein politisches Gemeinwesen zu überdauern vermag, gerade auch die Demokratie nicht, die mehr als alle anderen auf die innere Anteilnahme der Bürger angewiesen ist, weil sie der Selbstkritik und Opposition so viel mehr Raum bietet als autoritäre Systeme gleich welchen Vorzeichens.

Wenn man die Zwischenkriegszeit in ganz besonderem Maße als eine Periode des Wandels und des Konfliks der Werte begreift, so tritt das Unvermögen der Politiker und Theoretiker, die Grundwerte der Demokratie überzeugend dazustellen, besonders grell hervor. Wohl gab es die großen Kataloge der Menschen- und Bürgerrechte in Staatsverfassungen und Gesetzestexten wie in der politischen Rhetorik, aber sie wirkten meist als bloßer Anspruch, nicht als zentrales Herzstück und werterfüllte Sinngebung des Gemeinwesens, der politischen Gesellschaft. Die Staaten blieben einerseits (makropolitisch) auf nationalistische Zielsetzungen, andererseits (mikropolitisch) auf spezielle Interessenwahrung hin orientiert, dazwischen klaffte eine Lücke, die Agitatoren und Demagogen für eine egoistische und ideologische Mobilisierung der Gefühle ausnutzten, mit der Folge immer neuer Diskreditierung der Demokratie selbst, die solchen Mißbrauch zuließ.[26])

Dem politischen Idealismus aber vermochten die meisten Demokratien der zwanziger Jahre keine Wege zu weisen: das große Reservoir an humaner Wertsubstanz, das vom Individualwert der unverletzbaren Menschenwürde bis zur Gemeinschaftsidee sozialer Gerechtigkeit reicht, blieb fast ungenutzt. Es wurde in seiner vollen Bedeutung erst angesichts des totalitären Mißbrauchs politischer Glaubenswerte neu entdeckt und für eine Regeneration und Renaissance der Demokratie eingesetzt – nun nicht mehr als bloße Übergangsform, sondern als werterfüllte Realisierung menschlicher Freiheitsrechte. Aber das geschah eben erst im Kampf gegen Hitler seit 1939 und in den Widerstandsbewegungen der Kriegszeit, als es zeitweilig scheinen mochte, als sei die politische Freiheit endgültig aus Europa vertrieben. Und es konnte nun auch nicht mehr so allgemeineuropäisch geschehen, wie es nach 1918 als möglich erschienen war. Der Osten Europas wurde von einer Unfreiheit nur in eine andere entlassen: die nationalistischen Vorzeichen der Diktatur wurden gegen die kommunistischen eingetauscht.[27])

Dieses „zu spät", der Vorwurf der versäumten Gelegenheit zur Einwurzelung freiheitlich-demokratischen Denkens und demokratischer Werte in ganz Europa lastet für immer schwer auf dem politischen Handeln und Räsonieren der zwanziger und dreißiger Jahre. Politiker und Intellektuelle trugen beiderseits eine Verantwortung, der sie sich unter gewiß schwierigen, unvorhersehbaren Verhältnissen nicht gewachsen zeigten. Die Gründe waren vielfältiger Art: allzu hochgesteckte Erwartungen und Ansprüche an die Politik bei den einen; Fixierung auf alte und neue Dogmen des Staats- und Gesellschaftsdenkens bei den anderen; oder auch bloßes interessen- und tagespolitisches Fortwursteln in national-staatlicher Isolation statt rechtzeitiger Erkenntnis des Zusammenhangs europäischer Politik.

Es war eine verhängnisvolle Koinzidenz von Überschätzung und Unterschätzung der Demokratie, die das politische Denken der Zwischenkriegszeit im Bann hielt und nach falschen Alternativen Ausschau halten ließ. Nach einem „dritten Weg"[28]) zwischen Demokratie und Diktatur verlangten viele Konservative, nach ständestaatlich-korporatistischen Autoritätssytemen viele Katholiken, nach dem monarchischen Obrigkeitsstaat viele Lutheraner, nach einem neuen Nationalismus und nationalsozialistischen Lösungen die radikale Rechte, nach einer endgültigen sozialen Revolution die radikale Linke. Das nahende Ende des Kapitalismus, gleichgesetzt mit dem Ende des bürgerlichen Zeitalters und der bürgerlichen Demokratie: in dieser Krisenformel begegneten sich die ideologischen Gefühlsströmungen, die der Schwäche und Nüchternheit der liberalen Demokratie entflohen und in den Abgrund von Diktatur und neuem Krieg führten.

Die Konfrontation von liberalen und totalitären Staatsauffassungen war indes immer zugleich eine Auseinandersetzung um die Demokratie und ihre Grundprinzipien. Mit dem Anspruch auf eine sowohl wissenschaftliche wie revolutionäre Philosophie der Politik hatte der Kommunismus die fundamentale Ablehnung der liberalen Politikauffassung verbunden, das Demokratieprinzip aber ebenso wie das Diktaturprinzip für sich in Anspruch genommen. Und wie die heutigen Diktatoren beriefen sich auch Mussolini und Hitler auf eine höhere Form der Volksherrschaft, die als einzig echte Volksgemeinschaft über allen pluralistischen oder „plutokratischen" Entartungen einer „dekadenten" Demokratie stehe.[29])

Diese angeblich „wahre" Demokratie der Diktatoren, der liberalen „Scheindemokratie" gegenübergestellt, geistert auch als Leitgedanke bis zum heutigen Tage durch alle theoretischen und ideologischen Bemühungen um ein widerspruchsfreies, in sich geschlossenes Demokratiemodell. Es beruht auf dem verführerischen Postulat, die drei großen Grundprinzipien jeder demokratischen Theorie: Mehrheit, Freiheit und Gleichheit, seien miteinander zu versöhnen, ja völlig zur Deckung zu bringen. Die historische Erfahrung lehrt jedoch, daß dies unter menschlichen Bedingungen (also humaniter) nur begrenzt möglich ist und daß jeder Anspruch, die Grundspannung zwischen Freiheit und Gleichheit auf perfekte Weise zu lösen, zur inhumanen Zwangsherrschaft und zur Auslöschung der Freiheit führt.[30])

Auch der mächtige Angriff, der seit den sechziger Jahren aus den liberalsozial verfaßten Demokratien gegen diese selbst geführt wurde, ging im Grunde von einem solchen perfektionistischen Mißverständnis aus. Er begann nicht zuletzt mit Aufständen (und radikalem Widerstand) gegen die „klassische" liberal-demokratische Theorie, die als elitäre Verschleierung der tatsächlichen Machtverhältnisse kritisiert wurde: die Spannung zwischen ihren Prinzipien, in denen die Kritiker bloße Postulate sahen, und der unvollkommenen empirischen Realität sollte als Diskrepanz hinterfragt und aufgedeckt werden; die Forderung nach einer entsprechenden Veränderung, einer „Demokratisierung" der Demokratie selbst galt den jungen Rebellen als das Gebot der Stunde, war ihnen viel wichtiger als deren Funktionsfähigkeit und Stabilität.[31])

Die Glorifizierung der direkten demokratischen Aktion und der totalen Partizipation, die daraus hervorging, bedeutet freilich nichts anderes als eine Wiederbelebung des alten Streits zwischen Idee und Wirklichkeit.

IV. Die gegenwärtige Problematik

Im Unterschied zur Leidensgeschichte der Demokratie in der Zeit zwischen den Weltkriegen, als das politische Denken weithin durch die Krisenphilosophien des Existenzialimus und des Dezisionismus überschattet wurde, begann sich nach 1945 erstmals eine einheitliche Meinung über den Wert der freiheitlichen Demokratie und die Gemeinsamkeit europäischer Interessen zu bilden. Dies geschah zwar vor dem Hintergrund einer tiefen Erschöpfung, die der Krisenliteratur der Publizisten, Philosophen und Theologen mehr denn je zuvor das Gepräge gab.[32]) Aber die Erfahrungen der Diktatur, ihre Zerstörungen und die neue Drohung des Sowjetimperialismus schufen zugleich Voraussetzungen für eine demokratische Europapolitik, die doch von den Denkmöglichkeiten der ersten Nachkriegszeit gänzlich verschieden waren. Das geschah zwar nicht über Nacht: die zähen Denktraditionen der nationalistischen und ideologischen Politik wirken als mächtige Petrefakte des politischen Lebens und Glaubens bis heute fort. Aber in dem erstaunlich kurzen Zeitraum von nur fünf Jahren (1945–1950) fielen nicht nur jene großen politischen Entscheidungen, die als weltgeschichtliche Weichenstellungen bis zum heutigen Tage bestimmend geblieben sind. Auch die geistigen und normativen Entscheidungen dieses Jahrfünfts, die an den Verfassungen und Doktrinen, Büchern und Diskussionen, nicht zuletzt an den jähen Trennungen vom Kommunismus ablesbar sind, bezeugen die Entstehung eines gemeineuropäischen und gemeindemokratischen Politikverständnisses, das ungleich stärker und allgemeiner als das bisherige politische Denken vom Primat der Freiheit und Menschenwürde, von der Bedeutung eines Ausgleichs individueller und sozialer Rechte, vom unverbrüchlichen Wert der pluralistischen Demokratie vor allem monolithischen Ideologien und Systemen überzeugt und durchdrungen war. Dem galten auch die Entwürfe einer Philosophie der Freiheit, die nun betont und von verschiedenen Seiten entstanden: von Karl Jaspers bis zu Isaiah Berlin.[33])

Dreißig Jahre später wird zumal ihr Ausgangspunkt: die Frontstellung gegen das Totalitäre, erneut angefochten von einer nachgeborenen Generation, die nicht mehr unter demselben Erfahrungshorizont denkt und schreibt. Das ändert jedoch nichts an der prinzipiellen Bedeutung der Tatsache, daß sich in den Jahren nach 1945 erstmals seit der

Jahrhundertwende die positive Bewertung der freiheitlichen Demokratie und die eindeutige Absage an geschlossene Ideologien intellektuell durchsetzte. Der Entfremdung des Geistes von der politischen Realität nach dem Ersten Weltkrieg stand nun die Überzeugung von der politischen Verantwortung des Intellektuellen gegenüber, und an die Stelle der tiefen Skepsis der Demokratiekritik und des Kulturpessimismus trat angesichts der tatsächlichen Zerstörungen und Bedrohungen des Abendlandes eine konkreter begründete Skepsis gegen alles Ideologische und Totalitäre, gegen die Versuchungen und Verführungen utopischen Denkens wie nicht zuletzt auch gegen die selbstzerstörerische Toleranz der Demokratie ihren Feinden gegenüber.

Der Aufbau eines freien Europa in enger Verbindung zu Amerika mit seiner dezidierten demokratischen Tradition: das war die politische Idee, an der es nach 1918 gefehlt hatte, als man über den Untergang des Abendlandes philosophiert, dieses aber in seiner politischen Selbstzerstückelung und ideologischen Selbstentfremdung noch bestärkt hatte. Jene Idee verlangte nach konkreten Wertsetzungen, die Europa gegenüber dem erlittenen und überstandenen, nun von neuem drohenden Despotismus stärken und vereinen, die 1945 geretteten demokratischen Freiheiten schützen konnten. Ein Glücksfall kam zu Hilfe: der selbst von den Akteuren des Marschall-Plans (1947) nicht erwartete ökonomische Aufschwung des westlichen Europas, das binnen weniger Jahre aus tiefster Verelendung zu neuer Wirtschaftsblüte gelangte.

Das stand in scharfem Kontrast nicht nur zu den sozio-ökonomischen Krisenerfahrungen der zwanziger und dreißiger Jahre, die soviel zur Zerrüttung der Demokratie beigetragen hatten, sondern auch zu dem offensichtlichen Unvermögen der kommunistischen Systeme, den verheißenen wirtschaftlichen und sozialen Fortschritt zu verwirklichen.[34])

Daß es offenbar vor allem die Werte ökonomischer, sozialer und militärischer Sicherheit waren, die zu Buche schlugen, sollte sich freilich in den sechziger Jahren zeigen. Es war die Kehrseite der Entideologisierung nach dem Zweiten Weltkrieg, daß die Bemühungen um eine philosophische und moralische Fundierung der freiheitlich-demokratischen Politik, von der Männer wie Jaspers zeugen, doch zurückblieben hinter einer pragmatischen Orientierung, die auf die Dauer und bei Generationswechsel nicht genügen konnte. Daß das Jahrzehnt der Entideologisierung nicht das letzte Wort haben würde, ist am deutlichsten im Aufstieg der „Dritten Welt", im neuen Nationalismus und Sozialismus der Entwicklungsländer hervorgetreten. Europa und Amerika konnten sich nicht einfach auf den neugewonnenen Konsens über die freiheitlichen Werte der westlichen Zivilisation und ihrer liberal-sozialen Demokratie zurückziehen. Die konfliktreiche Ablösung des Kolonialismus, die ideologisch fortdauernde Ost-West-Konfrontation und die ambivalenten Folgen einer weltweiten Ausdehnung der amerikanisch-europäischen Zivilisationsformen samt ihrer Fortschrittsidee führten zu einer neuen Herausforderung und

Krise der Wertvorstellungen, auf denen die moderne westliche Politik beruhte.

Aber die neuerliche Verunsicherung des politischen Denkens, die im Laufe der sechziger Jahre eine Welle der Re-Ideologisierungen ermöglichte, kam nicht nur von außen. Sie war eine Identitätskrise, die nicht zuletzt mit dem Generationswechsel zusammenhing, und sie wandte sich vor allem gegen den pragmatisch-rationalen Charakter der westlichen Wiederaufbau-Gesellschaft. Deren Errungenschaften wurden zunehmend als bloße Restauration und Stagnation im Zeichen großer alter Männer (wie Adenauer, de Gaulle, Eisenhower) kritisiert, während ihr befreiender Charakter in der Zeit der Diktaturen immer weniger nachempfunden wurde. Die stabile, wertbetonte Demokratie erschien besonders den Jüngeren zunehmend als autoritäres System, die erfolgreiche soziale Marktwirtschaft als kaschierter bürgerlich-materialistischer Kapitalismus; der Antitotalitarismus als bloße Ideologie des Antikommunismus. Eine Welle der Selbstkritik erfaßte den Westen im Zuge des Vietnamkriegs und der raschen gesellschaftlichen Veränderungen im Zeichen des materiellen Fortschritts und weltweiter Kommunikation durch neue Massenmedien, besonders durch das Fernsehen, dessen gewaltig wachsende Wirkung seit Mitte der sechziger Jahre gar nicht hoch genug eingeschätzt werden kann.[35])

Der Antikapitalismus von links und rechts, der sich nun auch gegen die soziale Marktwirtschaft richtet, hatte schon um die Jahrhundertwende eine große Rolle beim internationalen wie beim nationalen Sozialismus gespielt. Er ist heute als eine stark emotionale romantische Zivilisationskritik der Industriegesellschaft und ihrer Folgen wiedererstanden. Die Alternativvorstellungen bleiben freilich wie schon vor und nach den beiden Weltkriegen nebulös und illusionshaft – was aber ihre Anziehungskraft in emotionalisierten Zeiten noch erhöht, und dies nicht nur bei der Jugend im Generationenstreit.

Die linke Version ist ein utopischer Sozialismus, der aber erfahrungsgemäß beim bürokratischen Staatssozialismus oder gar beim diktatorischen Kommunismus landet. Die rechte Alternative, der autoritäre Nationalismus, einst ad absurdum geführt vom Nationalsozialismus, läuft auf eine neue brisante Mischung von romantischem und technokratischem Denken hinaus.

Beide Versionen finden sich trotz vielfacher historischer Widerlegung in den Antisystembewegungen unserer Tage wieder. Sie übergehen vor allem, am deutlichsten in der Gewaltdiskussion, allzu rasch und bedenkenlos das so schwierige Grundproblem einer richtigen Relation von Zielen und Mitteln.[36]) Neomarxismus wie Nationalismus, sozialer Utopismus wie antitechnischer Mystizismus entziehen sich auch heute wieder der Frage, die allein die pluralistische Demokratie mit ihren Verfassungen und Spielregeln auch real zu beantworten sucht: wie kann ein politisches System humane Werte verwirklichen, ohne sie bei der Durchsetzung fundamental zu verletzen, aber auch ohne auf die notwendige Entwicklung der Ressourcen und Wettbewerbsfähigkeit zu verzichten?

Ich komme damit zum Schluß. Gerade weil Politik stets vom Kampf um die Macht geprägt wird, bleibt die Forderung nach möglichst friedlicher, überschaubarer und kontrollierbarer Regelung des politischen Machtkampfes ein Hauptkriterium jeder Unterscheidung und Bewertung politischer Bewegungen und Systeme. Denn gewiß gehört die Macht wie die Furcht zu den Grundantrieben jeder Politik: seit Thukydides und Machiavelli, Hobbes und Montesquieu, Max Weber und Guillermo Ferrero hat die machttheoretische Betrachtung der Geschichte und Politik nichts an Bedeutung verloren. Aber gerade eine politische Antrophologie, die Macht und Furcht als gleichsam „natürliche" Grundtriebkräfte anerkennt, muß Freiheit und Gerechtigkeit als ihre zivilisatorischen Regulative sehen. Und sie muß der Verankerung und Sicherung dieser Regulative in den Verfassungen wie im praktischen Vollzug als Beschränkung und Zivilisierung der Gewalt höchste Priorität einräumen. Das aber heißt nichts anderes als den Vorrang des Bemühens um eine gewaltenteilige, freiheitsschützende Demokratie vor jenen ideologischen Verheißungen von rechts oder links, die uns in der Gestalt von Pseudoreligionen immer wieder zur bedingungslosen Gefolgschaft verführen wollen. In Lateinamerika wie im Mittleren Osten zeigt sich dabei auch der mögliche Mißbrauch christlicher oder islamischer Religiosität.

In der Tat bleibt die Frage nach der Stellung der Religion im Zeitalter pseudoreligiöser Ideologien, die mit der Säkularisierung des Denkens einhergehen und gegenüber dem Rationalismus einer technisch-wissenschaftlichen Welt die nichtrationalen Bedürfnisse der Menschen zu befriedigen suchen. Vor und nach dem Ersten Weltkrieg, nun wieder seit den siebziger Jahren sind die Anfechtungen und Brechungen des liberalen Fortschrittgedankens der Anstoß und die Einfallpforte für neue Religionsbewegungen. Sie treten entweder sektenhaft wie im Westen oder als gewalttätig revolutionäre, zugleich theokratische, gelenkte Massenbewegungen wie in der islamischen Welt des Ajatollah Khomeini auf, in beiden Fällen mit neototalitärem Anspruch. Tendenziell gilt dies auch für manche „Befreiungsbewegungen" der Dritten Welt, um die sich Teile der christlichen Kirchen mit Hilfe einer „politischen Theologie" oder einer „Theologie der Befreiung" bemühen.[37])

In all diesen Fällen geht es immer wieder – typisch für die Macht und Anziehungskraft ideologischen Denkens – um eine Orientierung des Politisch-Gesellschaftlichen am Absoluten, an Himmel und Hölle, an einer „wahren Demokratie", die alle Probleme in der identitären Aufhebung der Gegensätze von Regierung und Regierten, von arm und reich, von Interessen und Normen in einem sozialutopischen Zukunftsreich zu lösen verspricht. Wenn immer diese Kriterien des Absoluten an die Stelle des pluralistischen Demokratiegedankens treten, ist die Zeit jener Krisenpropheten gekommen, die verkünden, nicht durch Entwicklung und Reform, sondern nur durch die innere Erlösung (in Form des „neuen Menschen") und durch die Umwälzung der Ordnung (im Sinne einer international oder national sozialistischen Revolution) sei die drohende Katastrophe zu bannen. An den Millionenopfern der nationalsozialistischen Judenverfolgung haben wir exemplarisch erlebt, was ein pseudowissenschaftlicher ideologischer Wahn vermag, wenn er totalitäre Herrschaftsmittel gewinnt.

Aber wenn unser Jahrhundert auch heute noch oder wieder eine „Zeit der Ideologien" ist, so bleibt darum der Kampf um Ideen und Werte nicht zuletzt ein Kampf um die Methoden der Politik. Darüber können noch so chiliastische oder katastrophische Visionen nicht hinwegtäuschen. Die antizivilisatorische Kulturkritik und ihre Entartung im Nationalsozialismus, der Marxsche Sozialismus und seine Entartung im Stalinismus: beide halten die Erfahrungen bereit, wohin Menschen kommen können oder gebracht werden, wenn die totale Idee vor die Beachtung der Menschenrechte rückt. Nicht der Zweck heiligt die Mittel, die Mittel entheiligen den Zweck, wenn sie dagegen verstoßen.[38])

Die parlamentarische Demokratie ist gegenüber radikalen Ideologien noch immer oder schon wieder in der schwächeren Position: das ist die große Enttäuschung unseres Jahrhunderts. Aber Winston Churchill, in schwärzester Stunde ein letzter Verteidiger der Freiheit in Europa, erinnert aus der Tradition des englischen Parlamentarismus und im Sinne antiideologischer Selbstbeschränkung mit dem dafür charakteristischen understatement an die Erfahrung: daß von allen unvollkommenen, ja schlechten Formen der Politik und des Staates die freiheitlich-demokratische noch die am wenigsten schlechte sei. Hingegen hat sich der Himmel des perfekten Staates immer wieder als die Hölle der Diktatur erwiesen. Damit kehren wir zu unserem Anfangsgedanken zurück. Es geht um eben jene realistische und zugleich positive Auffassung von Demokratie als Staatsform der Selbstbeschränkung statt Selbstüberhöhung. Von ihrer Anerkennung und Bewahrung gegenüber immer erneut verführerischen Ideologien hängt am Ende unseres irrungsreichen Jahrhunderts die politische Freiheit ab, und mit ihr auch die Freiheit des Forschens und Denkens gegenüber dem berauschenden Zwang der Diktaturen, die in großer Mehrzahl den Erdball bevölkern. Politische Bildung als Allgemeinbildung heißt nicht zuletzt, jene prekäre Lage und anspruchsvolle Aufgabe freiheitlicher Demokratie bewußt zu halten.

Anmerkungen

[1]) Goethes Werke, Hamburger Ausgabe, Chr. Wegner Verlag, Bd. 12, 1223.

[2]) Daniel Bell, The End of Ideology, On the Exhaustion of Political Ideas in the Fifties, Glencoe 1960, S. 369 ff.

[3]) Peter Bender, Das Ende des ideologischen Zeitalters, Berlin 1981, S. 99 ff.

Ergänzter Abdruck aus: Karl Dietrich Bracher: Zeitgeschichtliche Kontroversen. Um Faschismus, Totalitarismus. Piper Verlag München, Zürich [5]1984

[4]) Vgl. Iring Fetscher, Überlebensbedingungen der Menschheit, Zur Dialektik des Fortschritts, München 1980, S. 23 ff.

[5]) Raymond Aron, „Die Unsterblichkeit der Ideologie", in: Die politische Meinung 27/202 (1982), S. 69 ff.; ders., „Über den guten Umgang mit Ideologien", in: W. Bergsdorf (Hrsg.), Die Intellektuellen, Geist und Macht, Pfullingen 1982, S. 130 ff.

[6]) K.D. Bracher, Zeit der Ideologien, Stuttgart - München 1985³, S. 189 ff. Ders., Die totalitäre Erfahrung: München 1987, S. 259 ff.

[7]) Vgl. ders., „Fortschritt - Krise einer Ideologie", in: Geschichte und Gewalt, Berlin 1981, S. 211 ff.

[8]) Dazu meine Darstellung in: Europa in der Krise, Frankfurt-Berlin-Wien 1979, S. 52 ff.

[9]) Ortega y Gasset, La Rebelion de las Masas, Madrid 1929, deutsch 1931; in Großauflage bezeichnenderweise wieder Stuttgart 1947.

[10]) Dolf Sternberger, „Arten der Rechtmäßigkeit", in: Politische Vierteljahresschrift 3 (1962), S. 2 ff.; vgl. Peter Graf Kielmansegg, Ulrich Matz (Hrsg.), Die Rechtfertigung politischer Herrschaft, Doktrinen und Verfahren in Ost und West, Freiburg-München 1978, S. 155 ff. (Georg Brunner: „in östlichen Systemen" S. 59 ff.; Paul Kevenhörster: „in westlichen Demokratien").

[11]) Karl Loewenstein, „Über das Verhältnis von politischen Ideologien und politischen Institutionen", in: Zeitschrift für Politik 2 (1955), S. 191 ff.; derselbe, „Über die Verbreitung der politischen Ideologien", ebenda 3 (1956), S. 195 ff.

[12]) So vor allem Karl Popper, Die offene Gesellschaft und ihre Feinde, 5. Aufl. Bern 1977, Band 1 („Der Zauber Platons") und Band 2 („Hegel, Marx und die Folgen").

[13]) Grundlegend Jacob L. Talmon, Die Ursprünge der totalitären Demokratie, Köln-Opladen 1961 (englisch 1952), S. 34 ff. Zu früheren Stufen der Ideologisierung jetzt auch Donald R. Kelley, The Beginning of Ideology, Consciousness and Society in the French Revolution, Cambridge 1981. Talmon hat seinen Ansatz durch das 19. Jahrhundert (Messianismus. Die romantische Phase, Köln-Opladen 1961) und vor seinem Tod noch mit einem dritten, nachgelassenen Band bis in unsere Zeit geführt: The Myth of the Nation and the Vision of Revolution, The Origins of Ideological Polarization in the Twentieth Century, London 1981.

[14]) So mein Beitrag zum Talmon-Colloquium der isrealischen Academy of Arts and Sciences: „Turn of the Century and Totalitarian Ideology" (Jerusalem, Juni 1982).

[15]) Karl R. Popper, Die offene Gesellschaft und ihre Feinde, deutsche Ausgabe Bern 1957, 5. Aufl. München 1977, Bd. I, S. 5 f.

[16]) Schon 1895 erschien die „Psychologie des foules" von Gustave Le Bon (1841–1931): fast jährlich in zahlreichen Sprachen wieder aufgelegt (deutsch zuerst 1908, 14. Aufl. 1973). Mit unwissenschaftlich verallgemeinerten Beispielen besonders aus der Französischen Revolution und der Pariser Kommune von 1871 wurden die antidemokratischen Folgerungen einer kollektiven Lenkbarkeit der „Masse" belegt; die Argumente dieser Massenpsychologie kehrten auch in den einschlägigen Kapi-

teln von Hitlers „Mein Kampf" wieder (S. 197 ff.; 371 ff.; 530 ff.; 650 ff.; sowie K.D. Bracher, Die Auflösung der Weimarer Republik, 6. Aufl. 1978, S. 112 ff.). Vgl. Robert A. Nye, The Origins of Crowd Psychology, London 1975 – überhaupt zur sozialwissenschaftlichen Entwicklung in Frankreich vor der Jahrhundertwende.

[17]) Begriff bei Eric Voegelin, Die politischen Religionen, Wien 1938 (2. Aufl. Stockholm 1939); vgl. Waldemar Gurian, „Totalitarian Religions", in: The Review of Politics 14 (1952), S. 3 ff.; derselbe schon: Der Kampf um die Kirche im Dritten Reich, Luzern 1936. Eine Fortführung dieses Ansatzes bedeutet der Versuch, die chiliastisch-millenarischen, messianisch-eschatologischen Züge totalitärer Ideologien herauszuarbeiten. Dazu neben der großen Trilogie von J.L. Talmon (vgl. oben Anm. 13) weiterhin Eric Voegelin, Wissenschaft, Politik und Gnosis, München 1959; derselbe, „Religionsersatz, Die gnostischen Massenbewegungen unserer Zeit", in: Wort und Wahrheit 15 (1960), S. 5 ff. Ferner grundlegend Norman Cohn, The Pursiut of the Millenium, London 1961 (deutsch 1961). Einen interessanten neuen Versuch zur zeitgeschichtlichen Anwendung dieses Ansatzes macht James M. Rhodes, The Hitler Movement, A Modern Millenarian Revolution, Stanford 1980, wobei auch auf die mittelalterlichen apokalyptischen Bewegungen (seit Joachim von Fiore) abgehoben wird, die man nicht nur als sozialrevolutionäre Vorläufer des Kommunismus (wie Friedrich Engels meint), sondern auch eines revolutionären Rechtsradikalismus, also jeder totalitären Idelogie überhaupt betrachten kann; man vgl. auch die neo-islamischen Bewegungen der Gegenwart. Zur marxistischen Interpretation Bernhard Toepfer, Das kommende Reich des Friedens, Zur Entwicklung chiliastischer Zukunftshoffnungen im Hochmittelalter, Berlin (Ost) 1964; zur Bedeutung in Entwicklungsländern schon Wihelm E. Mühlmann, Chiliasmus und Nativismus, Berlin 1961; zur chiliastischen Fortschrittsidee K.D. Bracher, Geschichte und Gewalt, Berlin 1981, S. 220 ff.

[18]) Auch wenn man die seit je umstrittene Rousseau-Interpretation offenläßt, so ist doch die Bedeutung der von dem Verherrlicher der volonté-générale ausgehenden absoluten Demokratietheorie mit ihrer totalitären Tendenz als Gegenpol zum repräsentativ-parlamentarischen Demokratieverständnis unbestreitbar. Vgl. zu diesen beiden fundamentalen Traditionsträgern vor allem J. L. Talmon, Ursprünge, a.a.O., S. 1 ff.; Ernst Fraenke, Die repräsentative und die plebiszitäre Komponente im demokratischen Verfassungsstaat, Tübingen 1958; Gerhard A. Ritter (Hrsg.), Vom Wohlfahrtsausschuß zum Wohlfahrtsstaat, Köln 1973.

[19]) Man kann die Entwicklung dieser rechts- und linksabsoluten Varianten einer Gemeinschaftsideologie besonders in der deutschen Geistesgeschichte des 19. und 20. Jahrhunderts verfolgen: zur deutschen Ideologie der Rechten Hans Kohn, Wege und Irrwege, Düsseldorf 1962; zur linken Entsprechung, mit den Affinitäten und Übergängen von Marxismus und Kommunismus jetzt besonders Leszek Kolakowski, Die Hauptströmungen des Marxismus, München 1977–79, sowie das gute Resumé von

David McLellan, „Marx and his Gaps", in: Government and Opposition 14 (1979), S. 252 ff.

[20]) Vgl. Eberhard Jäckel, Hitlers Weltanschauung, Entwurf einer Herrschaft, Neuausg. Stuttgart 1981; neuester Überblick bei Peter Hüttenberger, Bibliographie zum Nationalszialismus, Göttingen 1980, S. 22 ff.

[21]) Zum fast beliebigen Gebrauch und Mißbrauch solcher politischer Zentralbegriffe wie Demokratie und Beteiligung (Partizipation) durch totalitäre Regime mit ihren Sprachregelungen und Suggestionen vgl. Wolfgang Bergsdorf (Hrsg.), Wörter als Waffen, Stuttgart 1979, mit Beiträgen von H. Schelsky, H. Maier, K. Sontheimer, G. Schmölders, H. Lübbe u.a. sowie der „Kleinen Grammatik" von George Orwell, der negativen Utopie der Sprachlenkung; ferner K. D. Bracher, Schlüsselwörter, a.a.O., S. 85 ff. Der plesbiszitär-totalitäre Demokratieanspruch des Nationalsozialismus ist in der Machtergreifungsphase von 1933/34 von Hitler selbst wiederholt herausgestrichen worden; vgl. die Zeugnisse in Bracher, Sauer, Schulz, NS Machtergreifung, Bd. I, S. 472 ff.; Bd. III, S. 365 ff.

[22]) Hier wirken also zwei verschiedene Ursachen zusammen: Emanzipationsidee als nationale oder soziale Partizipationsforderung und Vergemeinschaftung als Konsequenz der Technisierung und Erfassung aller Lebenszusammenhänge. Dabei dienen die besonders rasch entwickelten neuen Kommunikationsmittel zur Kontrolle und Manipulation der Öffentlichkeit und nicht zum freien Meinungsaustausch. Doch wird dies von den Ideologen der Diktatur nicht zuletzt dadurch gerechtfertigt, daß der offene Informationsprozeß in der Demokratie ständig verdächtigt, als ineffizient herabgesetzt oder als interessengesteuert dämonisiert wird: eine besonders probate Methode aller Kritiker liberaler „Öffentlichkeit" von Carl Schmitt bis Habermas, die damit (und mit dem antipluralistischen Polykratievorwurf) ihre Demokratiekritik überhaupt begründen. Vgl. Wolfgang Jäger, Öffentlichkeit und Parlamentarismus, Stuttgart 1973, S. 6 ff.; ferner zur Pluralismuskritik Hans Kremendahl, Pluralismustheorie in Deutschland, Leverkusen 1977, S. 237 ff.; sowie grundlegend überhaupt Wolfgang Mantl, Repräsentation und Identität, Wien 1975.

[23]) Den Ideologiebegriff (vgl. Zeit der Ideologien S. 11) hat in den zwanziger Jahren besonders Karl Mannheim entwickelt und kritisch untersucht; nach seinen wissenssoziologischen Arbeiten seit 1923 vgl. besonders sein Werk: Ideologie und Utopie, Bonn 1929 und 1930 (4. Aufl. Frankfurt/M. 1945). Jetzt grundlegend Ernst Topitsch und Kurt Salamun, Ideologie, München-Wien 1972; K. Salamun, Ideologie, Wissenschaft, Politik, Graz 1975; sowie: Sozialphilosophie als Aufklärung (Festschrift für Ernst Topitsch), Tübingen 1979. Zur marxistischen Version Peter Chr. Ludz, Ideologiebegriff und marxistische Theorie, Opladen 1976.

[24]) Vgl. J. L. Talmon, Ursprünge, a.a.O., S. 133 ff.

[25]) Vgl. K. D. Bracher, Zeit der Ideologien, S. 189 ff. Zu den politischen Tendenzen intellektueller Ideologiekritik vgl. besonders Jean-François Revel, Die totalitäre Versuchung, Frankfurt – Berlin 1976, S. 20 ff. („Das Verlangen

nach Totalitarismus"), sowie Raymond Aron, Plädoyer für das dekadente Europa, ebenda 1978, S. 23 ff. (Europas Intellektuelle, „mystifiziert durch den Marxismus-Leninismus"). Treffend bezeichnet Hugh Seton-Watson (in: International Fascism, London 1979, S. 368 f.) „das ganze halbe Jahrhundert seit 1927 – dem entscheidenden Jahr für Stalins Aufstieg zur Macht – als Periode des Wettstreits zwischen totalitärem Nationalismus und totalitärem Marxismus".

[26]) Besonders in Deutschland kam es wie zuvor schon in Italien zur Diskreditierung der Demokratie als bloßem „Interessenhaufen", unregierbare Polykratie oder Anarchie; und dies kann bei einer auf Effizienz oder Autorität gerichteten Staatsvorstellung noch verschärft werden durch kritische politisch-soziologische Analysen, wenn ihnen die Grundlage eines Wertbewußtseins fehlt, das die Lücke zwischen Theorie und Praxis, Verfassung und Politik zu überbrücken vermag. Charakteristisch für die Dauerkrise des deutschen Demokratieverständnisses war und ist noch immer die Behauptung und Problematisierung eines angeblichen Gegensatzes zwischen Verfassung und Wirklichkeit: eine zur Ideologie tendierende theoretische Zuspitzung, die im Perfektionismus die Realität der Demokratie verkennt. Vgl. treffend Wilhelm Hennis, Verfassung und Verfassungswirklichkeit, Ein deutsches Problem, Tübingen 1968, S. 5 ff.

[27]) Vgl. K. D. Bracher, Europa, a.a.O., S. 269 ff.

[28]) Die immer wieder erneute Denkfigur und Ideologie eines „dritten Weges" oder einer „„dritten Kraft" richtet sich im 20. Jahrhundert fast regelmäßig gegen die Demokratie, die sie durch rechts- und linksradikale Scheinalternativen unterminiert, gegenüber vorgeblich vollkommeneren Gesellschafts- und Staatsformen abwertet, sofern sie nicht idealeindeutig, sondern empirisch-kompromißhaft ist. Vgl. dazu George L. Mosse, Germans and Jews, The Right, the Left, and the Search for a „Third Force" in Pre-Nazi-Germany, New York 1970, S. 5 ff. Darüber hinaus ist diese alte Denkfigur (und Propagandaversion) in den am Trinitätsgedanken orientierten pseudoreligiösen Vorstellungen einer dritten, endzeitlichen Epoche der Zukunft nach Vergangenheit und Gegenwart (schon seit Joachim von Fiore im 12. Jahrhundert), wie in der Idee vom „dritten Rom" Rußland, vom „Dritten Reich" und auch in den Sondersozialismen der Dritten Welt, immer wieder geschichtlich-politisch bedeutsam geworden.

[29]) Vgl. Adrian Lyttelton, a.a.O., S. 54 ff.; 135 f.; 149 ff.; Renzo de Feliće, Deutungen, a.a.O., S. 226 ff.; K.D. Bracher, NS Machtergreifung, Bd. I, S. 472 ff. Bündig J. L. Talmon, The Myth of the Nation, S. 542: „Democratic principles came to be violated in the name of the highest form of democracy."

[30]) Vgl. die Nachweise bei Gerhard A. Ritter, „Der Antiparlamentarismus und der Antipluralismus der Rechts- und Linksradikalen", in: Der Überdruß an der Demokratie, Köln 1970, S. 51 ff. (jetzt auch in Ritters Aufsatzband: Arbeiterbewegung, Parteien und Parlamentarismus, Göttingen 1976, S. 259 ff., sowie S. 292 ff. über „Direkte Demokratie und Rätewesen in Geschichte und Theorie"). In diesem totalistischen Sinne hatte schon der junge Marx die „wahre

Demokratie" als völlige Identität privater und öffentlicher Existenz postuliert, so in seiner Kritik der Hegelschen Staatsphilosophie von 1841/42: Siegfried Landshut, Karl Marx – Die Frühschriften, Stuttgart 1953, S. XXVII ff.; S 47 ff. Vgl. demgegenüber die Charakterisierung der gerade nicht so „leichten", sondern „schweren Ideologie der Demokratie" etwa bei Eva G. Reichmann, Hostages of Civilization, The Social Sources of National Socialist Antisemitism, Boston 1951 (deutsch: Flucht in den Haß, Frankfurt/M. 1956, S. 129 ff.; „leichte" und „schwere" politische Ideologien...); sowie K. D. Bracher, „Über die Schwierigkeit der Demokratie", in: Geschichte und Gewalt, a.a.O., S. 289 ff. Grundlegend zur Demokratiekritik Wolfgang Mentl, Repräsentation und Identität, a.a.O., Martin Rhonheimer, Politisierung und Legitimitätsentzug, Totalitäre Kritik der parlamentarischen Demokratie in Deutschland, Freiburg – München 1979; Eckhard Jesse, Streitbare Demokratie, Berlin 1980, S. 23 ff.

[31]) Samuel H. Barnes, Max Kaase u.a. (Hrsg.), Political Action, Mass Participation in Five Western Democracies London 1979.

[32]) Walter Z. Laqueur, Europa aus der Asche, München – Zürich – Wien 1970, S. 233 ff.; Georg Lichtheim, Europa im 20. Jahrhundert, München 1973, S. 307 ff.; 350 ff.; Maurice Crouzet, The European Renaissance since 1945, New York 1971. Zur Bedeutung einer Umorientierung der Kirchen im Blick auf autoritäre Vergangenheitserfahrung und demokratische Nachkriegsforderungen vgl. jetzt auch vier Fallstudien von Armin Boyens, Martin Greschat (beide zur deutschen Entwicklung), Rudolf von Thadden (Bedeutung Dietrich Bonhoeffers), Paolo Pombeni (Italien), in: Kirchen in der Nachkriegsgeschichte, Göttingen 1979; zur deutschen Spezialdiskussion: Johanna Vogel, Kirche und Wiederbewaffnung der Bundesrepublik 1949–1956, Göttingen 1978. Die christliche Marxismusdiskussion unter den doppelt ambivalenten Eindrücken des Antifaschismus und des Stalinismus skizziert Richard Banks, „Christianity and Marxism", in: Journal of Contemporary History II (1976), S. 321 ff. Vgl. jetzt auch: Christlicher Glaube in moderner Gesellschaft, Freiburg/Br. 1981, mit den umfassenden Beiträgen von Alexander Schwan, Nikolaus Lobkowicz und Henning Ottmann.

[33]) Karl R. Popper, a.a.O.: zuerst erschienen 1944, amerikanische Ausgabe 1950, deutsche 1957; Karl Jaspers, Vom Ursprung und Ziel der Geschichte (1. Aufl. 1955) – als Entwicklung zur Freiheit und Welteinheit; Isaiah Berlin, Four Essays on Liberty, 1968. Vgl. zum folgenden auch den nuancenreichen Überblick bei Roland N. Stromberg, After Everything: Western Intellectual History since 1945, New York 1975.

[34]) Dieser Zusammenhang wurde denn auch durch eine revisionistische „Hinterfragung" des Marshall-Plans samt seiner positiven Bedeutung für die Erholung Europas und des liberal-demokratischen Denkens ganz besonders in Zweifel und Mißkredit gezogen, sobald und sooft man gegen die klaren Erfahrungen des Kalten Krieges und die antitotalitären Konsequenzen nach links wie nach rechts argumentierte. Dem Linksruck nach 1945 waren damit Grenzen

gesetzt, und sofern die intellektuellen Vorlieben für marxistische oder halbmarxistische Deutungsversuche fortdauerten und wiederauflebten, wurde zumal der Einschnitt von 1947 bis 1950 (Marshall-Plan bis Koreakrieg) in der linksrevisionistischen, teilweise zunehmend antiamerikanischen Literatur besonders empfindlich hinterfragt und immer aufs neue dämonisiert. Zur ideologischen Verzerrung der großen politischen und geistigen Entscheidungen von 1945 bis 1950 vgl. jetzt den bibliographischen Essay zur Neuauflage: Hans-Peter Schwarz, Vom Reich zur Bundesrepublik, Deutschland im Widerstreit der außenpolitischen Konzeption in den Jahren der Besatzungsherrschaft 1945 bis 1949, Stuttgart 1980, S. XXXV ff.; K. D. Bracher, Europa, a.a.O., S. 304 ff.; Klaus Schwalbe, „Die amerikanische Besatzungspolitik in Deutschland und die Entstehung des ‚Kalten Krieges' (1945/46)", in: A. Fischer, G. Moltmann, K. Schwabe (Hrsg.), Rußland, Deutschland, Amerika, Festschrift für Fritz T. Epstein, Wiesbaden 1978, S. 311 ff.; Werner Link, „Der Marshallplan und Deutschland", in: Aus Politik und Zeitgeschichte 50 (13.12.1980), S. 3 ff. Vgl. Alfred Grosser, Das Bündnis, Die Westeuropäischen Länder und die USA seit dem Krieg, München 1978, S. 93 ff.

[35]) Der (Wieder-)Aufschwung der Ideologiediskussion und Ideologisierung zumal in Deutschland knüpfte in einem erstaunlichen Maße an die kurze und heftige Phase der zwanziger Jahre an; dort hatten zunächst grundlegend die liberal-sozialen Demokratieanalysen Max Webers, Karl Mannheims, Theodor Geigers, kontrovers dann die kulturmarxistischen Entwürfe der Frankfurter Schule (Horkheimer, Adorno, Marcuse) gewirkt. Vor allem die letzteren, die nach 1945 aus dem Exil nach Europa zurückgebracht wurden, erlebten nun eine Reprise und zugleich Vulgarisierung; vgl. Adorno-Horkheimer, Dialektik der Aufklärung (1947) – als nun vielzitierte Neuausgabe (1968) – sowie die sympathisierende Würdigung von Martin Jay: The Dialectical Imagination (1973), deutsch: Dialektische Phantasie, Die Geschichte der Frankfurter Schule und des Instituts für Sozialforschung, Frankfurt/M. 1976. Aus der zweiten Generation wurden besonders die Bücher von Jürgen Habermas mit ihren „entschleiernden" Titel-Thesen einflußreich: Erkenntnis und Interesse; Technik und Wissenschaft als Ideologie (beide im Sturmjahr 1968 erschienen). Dagegen wandten sich im „Positivismusstreit" vor allem die antitotalitären „Positivisten" und „kritischen Rationalisten" um Karl Popper und Ernst Topitsch, Hans Albert und Niklas Luhmann, die aber nur langsam die Welle der alt-neuen Ideologien zurückzudrängen vermochten: vgl. besonders schon Topitsch, Sozialphilosophie zwischen Ideologie und Wissenschaft, Neuwied – Berlin 1961 (3. Aufl. 1971); J. Habermas, N. Luhmann, Theorie der Gesellschaft oder Sozialtechnologie, Frankfurt/M. 1971; Kurt Sontheimer, Das Elend der Intellektuellen, S. 67 ff.; jetzt auch Hans Lenk, Roland Simon-Schaefer, „Vernunft-Wissenschaft-Praxis, Zur Kritik der ‚Kritischen Theorie'", in: Aus Politik und Zeitgeschichte B 50/81 (12.12.1981), S. 41 ff.; Nikolaus Lobkowicz und Henning Ottmann, „Materialismus, Idealismus und christliches Weltverständnis" in: Christlicher Glau-

ben in moderner Gesellschaft, Freiburg/Br. 1981, S. 124 ff.

[36]) Vgl. K. D. Bracher, Schlüsselwörter in der Geschichte, Düsseldorf 1978, S. 51 ff.; Geschichte und Gewalt, a.a.O., S. 19 ff. „Zeitgeschichtliche Erfahrungen als aktuelles Problem", in: Beilage zu Das Parlament vom 14.3.1987.

[37]) Näheres und Literatur in: Zeit der Ideologien, a.a.O., S. 365 ff.

* Erschienen in: Karl Dietrich Bracher, Zeitgeschichtliche Kontroversen. Um Faschismus, Totalitarismus, Demokratie. Piper-Verlag München, Zürich [5]1984.

[38]) Vgl. auch treffend J. L. Talmon, The Myth of the Nation, a.a.O. S. 33: „The extreme Right and Left shared the same mode of thinking and understood each other well. To both force was the final arbiter between classes and parties." Und S. 535: There is „an ironic law which causes revolutionary salvationist schemes to evolve into regimes of terror, and the promise of a perfect direct democracy to assume in practice the form of totalitarian dictatorship".

Gesine Schwan

Friedenssicherung und Menschenrechte*

I. Ursachen der Gefahr für den Weltfrieden

„Der Frieden ist nicht alles, aber ohne den Frieden ist alles nichts!" Kaum ein Satz hat in der letzten Zeit wie dieser Verbreitung und Zustimmung gefunden. Bringt er nicht besonders eingängig unser Engagement für den Frieden zum Ausdruck? Und ist der Gedanke, daß ein atomarer Weltkrieg das Leben auslöschen und alle weiteren Fragen, Werte und Wünsche obsolet machen würde, nicht ganz und gar plausibel? Aber was ist eigentlich mit dem kleinen Wörtchen „alles", das der Friede gemäß diesem Satz **nicht** ist, gemeint? Doch offensichtlich irgendein Gut oder ein Recht, das zwar von vielen gewünscht wird, das aber mit dem Frieden nicht identisch ist, zu ihm auch nicht unauflöslich gehört, sondern in Konkurrenz zu ihm treten kann. Im Zusammenhang der friedenspolitischen Diskussion, für die der anfänglich zitierte Satz geprägt wurde, fällt es nicht schwer, das Gut, das da in Konkurrenz oder zumindest als ablösbarer Zusatz zum Frieden gesehen wird, zu ermitteln: Es ist das Menschenrecht der Freiheit und mit ihm die das nackte Überleben übersteigende Verfassung der freiheitlichen Demokratie, die in ihrem Kern auf die Sicherung der Menschenrechte zielt. Und ist es nicht wahr: Hat es überhaupt noch Sinn, an Freiheit zu denken, wenn alle Menschen tot sind oder nur noch atomar verseucht dahinvegetieren? Sicher nicht! Freilich – was zwingt uns eigentlich dazu, zwischen dem Frieden als nacktem Überleben und dem Frieden als Überleben in Freiheit und Demokratie zu wählen? Macht diese Alternative überhaupt einen Sinn? Müssen wir uns denn zwischen Frieden und Menschenrechten entscheiden? Bedroht die Verteidigung der Menschenrechte oder ihre Einmahnung denn den Frieden? Müssen wir fordern: Friedenssicherung statt Menschenrechte?

Man hat zuweilen, etwa in der Folge der Erklärung des polnischen Kriegsrechts im Dezember 1981 bei uns so argumentiert. Die Behauptung ging dahin, die polnische Gewerkschaft Solidarität habe durch die Dynamik, die sie mit ihrer Forderung nach Gewerkschaftsfreiheit und politischem Pluralismus in Polen auslöste, den Frieden bedroht. Denn, so lautet die Überlegung, das kommunistische System, als dessen Kern das bei der kommunistischen Partei liegende Machtmonopol anzusehen ist, kann eine Aufteilung der Macht nicht dulden, und seine Vormacht, die Sowjetunion, muß sich, zur Not militärisch, gegen die Erosion ihres Herrschaftsbereichs wehren, was einen militärischen Konflikt in Europa und damit einen Weltbrand auslösen könnte. Um ihn zu verhüten, haben wir im Westen alles Interesse daran, Menschenrechtsbewegungen in Osteuropa nicht etwa zu ermutigen, sondern im Gegenteil von uns aus auf die Stabilisierung der kommunistischen Systeme hinzuarbeiten. Entscheidend bei dieser Argumentation ist nicht, daß sie den westlichen Regierungen diplomatische Zurückhaltung gegenüber Spannungen innerhalb der kommunistischen Systeme nahelegt – diese Mahnung kann zwar einleuchtend sein, erscheint aber ganz überflüssig, weil alle westlichen Regierungen sich in der Nachkriegszeit in entsprechenden Fällen zurückgehalten haben. Entscheidend ist die kategorische und eindimensionale politische Option, den Frieden durch den Verzicht auf die Einmahnung der Menschenrechte – auch von seiten der **Gesellschaft** in Ost und West – zu sichern. Die Folge solcher eindimensionaler Politik ist, daß man – vor der Macht der Sowjetunion kapitulierend und ihr ein Unvermögen zur Reform unterstellend – aus sog. realpolitischen Gründen nicht nur faktisch für den kommunistischen Machtbereich den Zusammenhang zwischen Frieden und Menschenrechten löst – was demjenigen, der den Schutz der Menschenrechteim Westen genießt, zumindest auf denersten Blick, wenig Kosten verursacht.Diese faktische Loslösung zieht vielmehr notgedrungen darüber hinaus eine prinzipielle Trennung zwischen Frieden und Menschenrechten nach sich, weil die macht- und realpolitischen Rücksichten zu einer Verkürzung und Verkümmerung des Friedensverständnisses führen, eben zu jenem Begriff des Friedens als reinen Überlebens, als Frieden ohne Menschenrechte. Aber ist denn Frieden, auch wenn man darunter nur die verläßliche Verhinderung eines atomaren Weltbrandes versteht, ohne die Sicherung der Menschenrechte zu verwirklichen?

Ist es von der Sache her nötig, ja überhaupt möglich – wie dies der anfangs zitierte Satz nahelegt – sich in der Friedenspolitik einer Priorität zu unterwerfen, in der zunächst der Friede gesichert würde und erst, wenn dies gelungen wäre, auch die Menschenrechte zur Verwirklichung anständen?

Fragen wir zunächst, wo die Aufgabe der Friedenssicherung anzusetzen hat, d.h. worin denn das Risiko eines Weltbrandes begründet ist. **Eine** mögliche Ursache könnte in Mißverständnissen zwischen den Großmächten oder in technischen Fehlern der Waffenhandhabung liegen. Diese Gefahr haben beide Großmächte erkannt, sie zu vermeiden ist ein wirklich ungeteilt gemeinsames Interesse von beiden, infolgedessen sind Abkommen zwischen ihnen, die dies verhindern sollen, auch am weitesten gediehen. Ich erinnere an die Abkommen zur Errichtung eines sog. heißen Drahts zwischen Washington und Moskau aus dem Jahre 1963, zur Verminderung der Gefahr des Ausbruchs eines Nuklearkrieges infolge eines nuklearen Unfalls vom September 1971, zur Vermeidung von Zwischenfällen bei Manövern und Übungen aus den Jahren 1972 und 1973, die bisher alle funktionierten. Nicht zufällig wurden auch Verhandlungen zwischen der Reagan Administration und der sowjetischen Spitze am Thema der Modernisierung des „heißen Drahts" wieder in Gang gebracht.

Damit ist dieses Risiko nicht endgültig gebannt, aber der Verzicht auf die Menschenrechte macht es nicht kleiner.

Ein weiteres Risiko könnte im Übergreifen einer gegen Menschenrechtsbewegungen gerichteten innerkommunistischen militärischen Aktion – wie 1956 in Ungarn, 1968 in der Tschechoslowakei oder 1980 in veränderter Gestalt in Polen – auf Westeuropa liegen. Dieses Risiko bestünde jedoch nur, wenn Westeuropa militärisch im kommunistischen Machtbereich intervenierte. Aber die moralische Unterstützung und Einmahnung der Menschenrechtsforderungen ist ja eben keine militärische Intervention, die ihrerseits von keinem vernünftigen Politiker ins Auge gefaßt wird.

Die Dynamik der Rüstungsentwicklung, die aus der Konkurrenz der beiden Großmächte entsteht, erscheint vielen gegenwärtig als die entscheidende Gefahr für den Weltfrieden. Ohne Zweifel bedeutet allein die Konzentration der finanziellen Mittel auf die Rüstung und die militärische Forschung, daß sie zur Behebung der krassen Not in der Dritten Welt entfallen, was nicht nur unter dem Gesichtspunkt der Humanität, sondern auch unter dem der Friedenssicherung eine Fehlinvestition darstellt. In unserem Zusammenhang aber stellt sich die Frage, ob der Verzicht auf die Verwirklichung der Menschenrechte den Rüstungswettlauf hemmen könnte. Dieser Wettlauf rührt aus der gegenseitigen Sorge der beiden Weltmächte und ihrer Alliierten davor, der anderen Seite militärisch zu unterliegen bzw. von ihr erpreßbar zu sein. Natürlich könnte sich der Westen der Erpressung von seiten der Sowjetunion dadurch „entziehen", daß er sich ihr schlicht unterwürfe. Ein derartiger Verzicht würde zwar den Rüstungswettlauf zwischen den USA und der UdSSR stoppen, aber Rüstungswettläufe zwischen den aufstrebenden kommunistischen Großmächten wären die Folge. Dies ist mithin weder eine realistische Perspektive noch eine, die den Frieden sichert. Die einzige realistische Perspektive, den Rüstungsverlauf zwischen den Großmächten mit der Aussicht auf einen dauerhaften Frieden zu stoppen, liegt darin, daß beide ein gemeinsames Interesse daran entwikkeln, ihre militärische Sicherheit zu geringeren Kosten und mit geringeren Risiken als bisher zu gewährleisten. Dazu gehört, daß beide darauf bauen können, daß sich ein militärischer Angriff oder eine militärische Erpressung für die Gegenseite nicht lohnt. Aber selbst wenn eine dementsprechende Regelung technisch vorstellbar und durchführbar und durch ausreichende Kontrollen, die ein Mindestmaß an gegenseitigem Vertrauen voraussetzen und es zugleich befestigen könnten, abgesichert wird – und darauf müssen sich zukünftige Abrüstungsgespräche richten –, so besteht nach den Enttäuschungen mit der Politik der Rüstungskontrolle in den 60er und 70er Jahren eine Chance für das dafür erforderliche Minimalvertrauen beider Seiten zueinander nur, wenn keine Seite der anderen etwas über ihre politischen Ziele vormacht bzw. wenn keine Seite sich gegenüber der anderen Illusionen hingibt. Eine Illusion aber wäre es anzunehmen, daß die Konkurrenz der Systeme auf absehbare Zeit aufhören könnte. Daraus folgt, daß Machtvakua, insbesondere in der Form von innerstaatlichen oder zwischenstaatlichen Kriegen in der Dritten Welt, die Auseinandersetzung zwischen den Großmächten und den Kampf der Systeme immer wieder auf sich ziehen werden.

Das größte politische Risko für den Weltfrieden rührt daher, selbst wenn es gelänge, den Rüstungswettlauf zu stoppen, aus den Konflikten und Kriegen in und zwischen den Ländern der Dritten Welt. Daß sich lokale Konflikte mit dem Ost-West-Konflikt verquicken, daß die beiden Großmächte als Protagonisten des Ost-West-Konfliktes hier in eine direkte Konfrontation geraten und so der Funke dank der Allianzen auf alle Erdteile überspringt – darin liegt das wichtigste Risiko eines Weltbrandes. Wenn wir uns dies vergegenwärtigen, wird uns zugleich klar, daß wir auch jetzt keineswegs im Frieden, sondern in einer Welt der vielen begrenzten Kriege leben, die zwar beschränkt und damit auch qualitativ von einem Weltkrieg verschieden sind, angesichts derer aber der gegenwärtige Zustand kaum als Frieden, sondern eher als labiler Waffenstillstand zu bezeichnen ist.

Der Zusammenhang zwischen den kleinen Kriegen und dem in ihnen liegenden Risiko des Weltbrandes zeigt uns zugleich, daß wir den zweiten nur zuverlässig verhindern können, wenn wir an die Wurzel der kleinen Kriege in der Dritten Welt gehen. Bei aller Vielfalt der historischen, geographischen, politischen und kulturellen Konstellationen stößt man hier nun letztlich auf eine entscheidende und kaum umstrittene Ursache: die gravierenden Verletzungen der Menschenrechte in der Dritten Welt. Wenn man sich dies bewußt macht, zeigt sich eine aufschlußreiche Unstimmigkeit in mancher aktuellen friedenspolitischen Argumentation: Dieselben nämlich, die sich in der Dritten Welt leidenschaftlich und glaubhaft für die Verwirklichung der Menschenrechte zur Sicherung des Friedens einsetzen, sehen in ihrer Einmahnung hinsichtlich der Erhaltung des Friedens im Ost-West-Konflikt oft eher einen Störfaktor. Wäre die Bedeutung der Menschenrechte für die Erhaltung des Friedens mithin im Nord-Süd-Konflikt anders zu beurteilen als im Ost-West-Konflikt? Oder handelt es sich um jeweils andere Menschenrechte, das Recht auf materielle und soziale Sicherung in der Dritten Welt und das Recht auf Freiheit in der Ersten und Zweiten? Und würde die Verwirklichung der sozialen Menschenrechte den Frieden sichern, diejenige der Freiheitsrechte dagegen den Frieden gefährden?

Aber wie vertrüge sich eine solche geographische und inhaltliche Aufteilung der Menschenrechte mit der Erfahrung, – daß zumindest in der politischen Rhetorik – eine solche radikale Trennung nicht vorgenommen wird, daß vielmehr kaum eine Losung eine so einhellige, offizielle und universelle Zustimmung findet wie die nach der allgemeinen Wahrung der Menschenrechte?

Um die Frage nach der Bedeutung der Menschenrechte für die Friedenssicherung zu beantworten, tut zunächst eine Klärung dessen not, was die Menschenrechte eigentlich ausmacht, inwiefern sie ihrem Inhalt nach umstritten sind, woran es liegt, daß sie weltweit so vielfältig und grausam verletzt werden und welche Möglichkeiten einer Menschenrechtspolitik sich bei realistischer Betrachtung zeigen.

II. Der Streit um den Inhalt der Menschenrechte

Die Menschenrechte entstammen und entsprechen zwar weltweiten kulturellen und geistigen Inspirationen, aber schriftlich fixiert, theoretisch begründet und politisch durchgesetzt wurden sie in einem geschichtlich und geographisch begrenzten Raum: sie sind ein Produkt der westlichen Zivilisation der letzten vier Jahrhunderte. Verbinden sich so zu ihrer Verwirklichung allgemeine, die verschiedenen Kulturen und Zeitabläufe konstant durchziehende Vorstellungen eines menschengerechten Daseins mit historisch kontingenten Bedingungen, unter denen sie sich rechtlich und politisch konkretisiert haben, so liegt es nahe, die Gründe für die Verletzung von Menschenrechten dort zu suchen, wo geistige und materielle Hindernisse sich ihrer Verwirklichung entgegenstellen.

Aber was wird denn da verletzt, was soll umgekehrt verwirklicht werden? Was sind denn eigentlich die Rechte der Menschen? Es gibt keine einfache und vor allem unumstrittene bzw. allgemeinverbindliche Formulierung eines „Kernbestands" all jener vielfältigen, aus unterschiedlichen historischen Situationen und Erfahrungen erwachsenen Bestimmungen, die sich in den verschiedenen Erklärungen finden, die die Menschenrechte kodifizieren: In der „Magna Charta Libertatum" (1215), der „Bill of Rights" (1689), der amerikanischen Unabhängigkeitserklärung (1776), der französischen „Erklärung der Rechte des Menschen und des Bürgers" (1789), der „Allgemeinen Erklärung der Menschenrechte" der Vereinten Nationen (1948) der UN Bürgerrechts- und Sozialpakte (1966), der Europäischen Menschenrechtskonvention (1950), der Europäischen Sozialcharta (1961) und der Schlußakte von Helsinki (1975) – um nur die wichtigsten zu nennen[1]).

Zwar kann man eine historische Linie ziehen: Zur Abwehr herrscherlicher bzw. staatlicher Willkür formulieren die Menschenrechte zunächst den Anspruch auf Sicherheit und Unversehrtheit der Person durch die Garantie der Einhaltung der Gesetze, wozu nicht nur eine unabhängige Gerichtsbarkeit, sondern darüber hinaus die Gewähr für die Individuen gehört, an der Formulierung eben dieser Gesetze teilzuhaben; dazu wiederum bedarf es der freien Wahl zur gesetzgebenden Körperschaft, dem Parlament, sowie der Rede-, Meinungs- und Glaubensfreiheit; diese setzt wirtschaftliche Unabhängigkeit, und das heißt Sicherheit des privaten Eigentums voraus, was jedoch vor allem unter den Bedingungen der sich entwickelnden Industriegesellschaft nur dann nicht zur Übermacht der Reichen und zur faktischen Abhängigkeit eines Teils der Gesellschaft führt, wenn für alle eine materielle Grundsicherung einschließlich einer Sicherung von Gesundheit, Bildung und Arbeit gegeben ist. Um diese Grundsicherungen zu erstreiten, bedarf es der Versammlungs- und Vereinigungsfreiheit. Nur im Zusammenschluß können die ökonomisch und politisch schwächeren Individuen den Stärkeren eine Macht entgegensetzen, dank derer sie ihrer Benachteiligung im freien Spiel der ökonomischen Kräfte entgegenzuwirken, sie nach Möglichkeit zu kompensieren vermögen.

So führt ein direkter historischer Weg vom Recht auf die Unversehrtheit der eigenen Person über die Sicherung einer gewaltenteiligen Demokratie zum Wohlfahrtsstaat. Allem zugrunde liegt das Recht des Individuums, über sich selbst zu bestimmen. Da es sich bei diesem Individuum aber nicht um Robinson auf der Insel, sondern um den in der Gesellschaft lebenden einzelnen handelt, umfaßt das scheinbar nur den einzelnen betreffende Menschenrecht als individuelles Selbstbestimmungsrecht einen ganzen Kranz von Bestimmungen über die politische, soziale und ökonomische Verfassung, innerhalb derer und durch die das individuelle Selbstbestimmungsrecht gesichert werden soll. Ob dieser historische Zusammenhang, der den Kern westlichen Menschenrechtsverständnisses bezeichnet, nur historisch zufällig oder logisch und universal zwingend ist, darüber geht der Streit.

Zumindest verbal wird dabei nicht dem grundsätzlichen Recht auf individuelle Selbstbestimmung widersprochen: Kern der Auseinandersetzung ist vielmehr die Frage, ob die politische und wirtschaftliche Verfassung, die dieses Selbstbestimmungsrecht sichern soll, auf dem Prinzip der Macht- bzw. Gewalten**teilung** oder – zumindest vorübergehend – auf dem der Macht- bzw. Gewalten**konzentration** aufgebaut werden soll. Von zwei Positionen und politischen Erfahrungen her wird das westliche Prinzip der Gewalten**teilung** zugunsten der Gewalten**konzentration** in Frage gestellt:

1. Von seiten der marxistisch-leninistisch begründeten kommunistischen Systeme, insbesondere der Sowjetunion;
2. von seiten vieler (nicht aller!) Dritte-Welt-Länder.

Da im Streit um die inhaltliche Bestimmung der Menschenrechte, d.h. vor allem um ihre politischen und anthropologischen Implikationen auch die Hindernisse gegen ihre Verwirklichung deutlich werden, müssen wir ihm im folgenden – in aller gebotenen Kürze – nachgehen.

1. Marxistisch-leninistische Theorie der Gewaltenkonzentration

Ich beginne mit einer Diskussion der marxistisch-leninistischen Begründung für die Konzentration von politischer

Gewalt. Nach marxistisch-leninistischer Auffassung sind die Menschenrechte keine vorhistorischen, den Menschen angeborenen, also natürlichen Rechte, sondern das Ergebnis des historischen Kampfes der Bourgeoisie gegen den Feudalismus. Ihnen kommt daher auch nur für diese begrenzte historische Epoche fortschrittliche Geltung zu. Da sie – etwa in der französischen Erklärung der Menschen- und Bürgerrechte – im wesentlichen der Sicherung des Privateigentums und der Marktfreiheit dienen und damit de facto nur dem Bürgertum, nicht aber dem Proletariat zugute kommen, da sie überdies in ihrer Konzentration auf die Sicherung des privaten Freiheitsspielraums gegenüber dem Staat und gegenüber dem Mitbürger von einer anthropologischen Vorstellung ausgehen, die den Menschen ein für allemal als egoistisches Einzelwesen fixiert, würde ein Festhalten an den liberalen Freiheitsrechten un ihren verfassungsrechtlichen Folgerungen die individuelle Selbstbestimmung nur für einen Teil der Gesellschaft sichern und die Ausweitung dieses Rechts auf alle Menschen gerade verhindern. Das liberale Menschenrecht der individuellen Freiheit steht in dieser Sicht dem gleichen Anspruch aller Menschen auf Freiheit entgegen. Der kann nur erfüllt werden, Wenn durch Abschaffung des Privateigentums an Produktionsmitteln die Herrschaft der priviligierten Bourgeoisie – einer gesellschaftlichen Minderheit – gebrochen wird. Dazu bedarf es für eine Zeit des Übergangs bis zum Entreten des Kommunismus einer Konzentration der Macht in den Händen einer avangardistischen Partei, die die Bourgeosie niederhält und die Interessen des nach der Revolution nicht mehr durch Interessengegensätze gespaltenen Volkes verwirklicht. Politische und ökonomische Machtkonzentration dient der Kontrolle der ehemals herrschenden Bourgeosie zugunsten der effektiven Freiheit des Volkes, die vorzüglich in der Sicherung seiner materiellen Lebensgrundlagen einschließlich seiner Gesundheit sowie in der Garantie gleicher Erziehung und Bildung für alle liegt.

Aus diesem Einwand gegen das westliche Freiheits- und Menschenrechtsverständnis ergibt sich für die Staaten des Sowjetbereichs, die sich marxistisch-leninistisch legitimieren, eine doppelte Konsequenz: Sie legen die Priorität auf die sogenannten „sozialen" Menschenrechte (Recht auf Arbeit, Gesundheitsversorgung, Bildung, Erholung), setzen sich auch 1966 in der UN vor allem für den Sozialrechtspakt ein, nehmen aber die traditionelle Formulierung der liberalen Freiheitsrechte in ihre Verfassung doch auf, allerdings so, daß sie sie gleichsam in eine große Klammer setzen und ihre Geltung durch die alles andere bestimmende politische Entscheidungskompetenz der kommunistischen Avantgarde-Partei einschränken. Während im westlichen Verfassungsverständnis die liberalen Freiheitsrechte dem Staat vorgaben sind und die Beweislast bei denen liegt, die sie einschränken wollen, liegt im marxistisch-leninistischen Menschenrechtsverständnis die Beweislast umgekehrt bei denen, die sie für sich einfordern. Die folgt konsequent aus der Ablehnung jeder vorstaatlichen oder vorgesellshaftlichen, etwa naturrechtlichen Begründung des individuellen Rechtsanspruchs; statt dessen wird die

Gesellschaft als die rechtsgewährende Instanz angesehen. Die Menschenrechte sind der im Staat organisierten Gesellschaft nicht vorgegeben, sondern werden vom Staat erst erteilt[2].

Am Beispiel des zwischen Ost und West zentral umstrittenen Rechts auf Eigentum: Auch die DDR-Verfassung gewährleistet das Recht auf persönliches Eigentum sofern sein Gebrauch den Interessen der Gesellschaft nicht zuwiderläuft (Art. 11). Da die Definition der gesellschaftlichen Interessen in der Kompetenz der allein herrschenden kommunistischen Partei liegt, besteht ein Recht auf persönliches Eigentum nur soweit, wie die Partei die einräumt. Jegliche Initiative, die den Gebrauch von Eigentum zur Voraussetzung hat, ist damit nur als Konzession der Partei möglich. Ein gleiches gilt für die Freiheit der Meinungsäußerung, die in der DDR „den Grundsätzen dieser Verfassung gemäß" besteht (Art. 27). Da diese Grundsätze die politische Führung durch die kommunistische Partei festlegen, liegt die Beweislast für die Wahrnehmung des Rechts auf Meinungsfreiheit beim Individuum, das im Falle des Widerspruchs gegenüber der Parteiführung dem grundsätzlichen Verdacht unterliegt, mit seiner Meinungsäußerung gegen die von der Partei repräsentierten Interessen der Gesellschaft zu verstoßen.

Diese verfassungsmäßige prinzipielle Nachrangigkeit des Individuums gegenüber dem Staat bzw. der Partei gerät allerdings nur dann nicht in Widerspruch zum offiziell auch im kommunistischen Rechtsverständnis anerkannten individuellen Recht auf Selbstbestimmung, wenn die Partei wirklich und nachweislich die Interessen der Gesamtgesellschaft vertritt. Voraussetzung dafür wäre, daß diese Interessen einheitlich sind und als solch einheitlicher Block den individuell abweichenden, prinzipiell dem Egoismus-Verdacht unterliegenden Interessen der Individuen entgegengesetzt werden könnten. Alle Erfahrungen mit kommunistischen Gesellschaften sprechen dagegen. Wenn aber entgegen den marxistisch-leninistischen Annahmen auch die „nachrevolutionären" Gesellschaften von Interessengegensätzen gekennzeichnet sind, dann verliert das Argument, die individuelle Freiheit als Kern und Ausgangspunkt der Menschenrechte werde gerade durch die Konzentration der Macht in den Händen der kommunistischen Partei verwirklicht, die die einheitlichen Interessen der Gesamtgesellschaft vertrete, seine Berechtigung. Vielmehr bestätigt sich in den de facto interessenpluralistischen Gesellschaften der kommunistisch regierten Staaten, daß ohne die klassischen Garantien der westlichen Freiheits- und Menschenrechte unter dem Mantel einer scheinbar gesamtgesellschaftlich orientierten Gewaltenkonzentration die Partikularinteressen der politisch und ökonomisch Mächtigen auf Kosten der Menschenrechte der Schwächeren sich durchsetzen. Damit brauchen Fortschritte auf sozialem Gebiet, die unter kommunistischer Herrschaft erzielt worden sind, nicht in Abrede gestellt zu werden. Zu bezweifeln aber ist, ob diese Fortschritte der Machtkonzentration zu verdanken sind, ob sie in einem gewaltenteiligen System nicht ebenso weit oder vielmehr weiter gegangen wären, und dies ohne die Kosten der individuellen Unterdrückung.

Wenn in der Kritik am westlichen Menschenrechtsverständnis und im Streit um die Definition der Menschenrechte somit der gewaltenteiligen Demokratie die politische Gewaltenkonzentration entgegengestellt wird mit der Behauptung, die individuelle Selbstbestimmung auf diese Weise allererst für alle Menschen in gleicher Weise zu verwirklichen, so entbehrt diese Behauptung einer stichhaltigen Begründung. Ebenso bezeichnet die Entgegensetzung zwischen liberalen (durch die gewaltenteilige Demokratie geförderten) und sozialen (durch Gewaltenkonzentration erreichten) Menschenrechten eine definitorische Scheinalternative. Die sozialen Menschenrechte liegen vielmehr in der logischen und historischen Konsequenz der liberalen Menschenrechte; ohne materielle, soziale und bildungsmäßige Fundierung bleiben diese nämlich leer. Für die gewaltenteiligen Demokratien folgt daraus, daß Menschenrechte nur durch die Erweiterung des Rechtsstaats zum Sozialstaat annähernd verwirklicht werden können. Wenn man den freiheitlichen und den gleichheitsbezogenen Kern der Menschenrechte ernst nimmt, stellt sich die politische Gewaltenkonzentration als Abweg und die Reduzierung auf den Rechtsstaat als Verkümmerung in bezug auf die Verwirklichung der Menschenrechte dar.

Auf die Frage nach den Hindernissen, die der Realisierung der Menschenrechte entgegenstehen, ergibt sich so eine doppelte Antwort:

- Ein theoretisches Hindernis liegt in der theoretisch und empirisch in bezug auf die Menschenrechtsfrage nicht haltbaren marxistisch-leninistischen Begründung der politischen Machtkonzentraton in den Händen der kommunistischen Partei.
- Ein praktisches Hindernis liegt in dieser Machtkonzentration und in deren machtpolitischer Sanktionierung durch die Weltmacht Sowjetunion.

2. Die Situation in der Dritten Welt

Das Prinzip der politischen Machtkonzentration zum Schutze der Menschenrechte wird auch aus der Sicht vieler Dritte-Welt-Länder vertreten. Angesichts der Vielfalt historischer und kultureller Traditionen sowie materieller Situationen, die für diese untereinander sehr unterschiedlichen Länder kennzeichnend sind, können wir hier nur die wichtigsten Argumente, die aus dieser Region gegen das westliche Prinzip der politischen Gewaltenteilung vorgebracht werden, nennen.

Ein erster Strang von Argumenten wendet gegen die Übernahme westlich-liberalen Menschenrechtsverständnisses ein, daß die ihm zugrunde liegende Vorstellung einer Autonomie und damit verbundenen Herauslösung des Individuums aus dem religiösen, ethnischen oder familialen Ganzen bzw. aus der Gruppe dem originären Selbstverständnis der Menschen in der Dritten Welt widerspräche, demzufolge das individuelle Dasein in einer untrennbaren Einheit mit dem jeweiligen Lebensmilieu – der Familie, der Dorfgemeinschaft, dem Stamm – erfahren wird. Jeder Individualismus und jede Unterscheidung zwischen liberaler Freiheit und materieller Sicherheit stellen demnach Abstraktionen dar[3]). Erst recht gelte diese kulturelle Fremdheit für die ökonomischen und politischen Institutionen westlicher, vor allem angelsächsischer Herkunft.

Dieser Einwand bezieht sich vor allem auf jene Länder bzw. Regionen, in denen europäische und christliche Einflüsse von geringerer Bedeutung geblieben sind (vor allem größere Teile Afrikas und die mohammedanischen Länder). Die ihm zugrunde liegende Annahme einer organischen, unreflektierten und prinzipiell harmonischen Einheit von Individuum und Ganzem hat auch in Europa vornehmlich die konservative und die klerikale Opposition gegen das liberale Denken geprägt. Sofern aus ihr der Schluß gezogen wird, daß das politische Instrument der Gewaltenteilung zur Machteindämmung und Verhinderung von Willkür und Unterdrückung in den bezeichneten Dritte-Welt-Ländern unangemessen oder überflüssig sei, sprechen jedoch auch in diesen Regionen vorhandene Traditionen von Kontrollverfahren und Widerstandsrecht, z.B. gegen Häuptlingswillkür, dagegen, wenn diese auch jeweils originäre institutionelle oder soziale Mechanismen herausgebildet haben (z.B. Kontrollen durch die Familie, den Clan, die Dorfältesten). So finden sich in Afrika durchaus fein entwickelte Verfahren der „checks and balances", die dem Prinzip westlich-liberaler Gewaltenteilung entsprechen und keineswegs entgegenstehen[4]).

Ein zweiter Argumentationsstrang bringt vornehmlich pragmatische Gründe vor: Danach liegt die Hauptaufgabe zur Wahrung der Menschenrechte in der Dritten Welt in der Überwindung von Hunger, Krankheit, Elend und Analphabetentum, der gegenüber die Einhaltung von Freiheitsrechten nicht nur einen Luxus, sondern ein Hindernis darstellt, weil die massiven materiellen Probleme nur durch eine starke politische Führung, die alle Macht in ihren Händen konzentriert, gelöst werden können. Gäbe man den unterschiedlichen Interessengruppen einen gesicherten Raum politischer Betätigung, so entstünde entweder ein Chaos, oder die Mächtigen würden die Schwächeren hemmungslos unterdrücken (z.B. im Falle von Stammesfehden). Infolgedessen sind demnach die materiellen und ideellen Voraussetzungen für eine westlich-demokratische Verwirklichung von Menschenrechten nicht gegeben. Vielfach wird dieses Argument in der Form der Behauptung vorgebracht, in der Dritten Welt könne man nur zwischen rechten oder linken Diktaturen wählen. Ein Drittes gebe es nicht.

Abgesehen davon, daß dieses Argument im Gegensatz zum vorangegangenen gerade die Pluralität und Konflikthaftigkeit der Gesellschaften in der Dritten Welt herausstellt, entbehrt es der empirischen Evidenz. Denn bei aller Instabilität der politischen Gemeinwesen in dieser Weltregion existieren dort nicht nur faktisch pluralistische „Polyarchien", d.h. Gemeinwesen, in denen die politische Macht verteilt ist (wenn auch nicht immer strikt nach dem Muster westlicher Demokratien), von beachtlicher Dauer (Costa Rica, Venezuela, Kolumbien, Indien, Sri Lanka, Botswana, Kenia, Senegal); es spricht auch vieles dafür, daß sie in bezug auf die soziale Entwicklung mindestens so effektiv, wenn nicht effektiver sind als zivile oder militärische autoritäre oder diktatorische Regime[5]). Auch Erfahrungen mit Ansätzen zur Eindämmung von Umweltproblemen, z.B. in den riesigen Großstadtagglomerationen der Dritten Welt, verweisen darauf, daß dezentralisierte Strukturen eine größere Wirksamkeit dabei aufweisen (z.B. durch lokale Initiativen zur Sicherung der Ab- und Trinkwasserversorgung) als zentralistische.

Freilich springt die Dringlichkeit der materiellen Not, das deprimierende Scheitern von Versuchen, in vielen Regionen überhaupt nur das nackte Überleben sichern zu können, in die Augen. Die Versuchung, „Freiheit gegen Brot" auszuspielen sowie die Probleme durch politisch-diktatorische Kraftakte zu lösen, wird von daher verständlich und gewinnt für viele eine oberflächliche Plausibilität. Doch gilt eben bei nüchterner Prüfung unter dem Gesichtspunkt der Menschenrechte auch für die Dritte Welt, daß liberale und soziale Menschenrechte einander nicht ausschließen, sondern bedingen, daß somit das in Europa entwickelte Menschenrechtsverständnis des durch politische Machtteilung und sozialen Ausgleich zu sichernden gleichen Rechtes aller Individuen auf Selbstbestimmung auch den dortigen Traditionen und Bedürfnissen entspricht.

Die Hindernisse, die der Verwirklichung der Menschenrechte in diesem Weltteil entgegenstehen, rühren mit Ausnahme der Länder, in denen sich kommunistische Regime unter bestimmendem sowjetischen Einfluß (z.B. in Kuba und Äthiopien), oder religiös fundamentalistische Regime etabliert haben, nicht aus einer einheitlichen Ideologie, die deren Geltung grundsätzlich in Frage stellte, sondern vornehmlich aus deren materieller Not und den sich von daher nahelegenden diktatorischen bzw. autoritären politischen Systemen. Welche Möglichkeiten gibt es, diese Hindernisse zu überwinden?

Die Dringlichkeit einer Antwort auf diese Frage hat auf internationaler Ebene zu dem Bemühen geführt, im Streit um die Definition der Menschenrechte – dessen Kern, wie gesagt, darin liegt, daß mit ihm die jeweiligen politischen und ökonomischen Verfassungen zur Debatte stehen – zu einem einheitlichen und einigenden Verständnis zu gelangen. Dessen Ergebnis, an dem sich auch nicht-staatliche Organisationen wie die Kirchen beteiligt haben, bündelt in der einen oder anderen Version das Recht auf gewaltfreies und materiell gesichertes Leben mit dem auf sozioökonomische, politische und kulturelle Selbstbestimmung.

Da sich nur ein kleiner Teil der Staaten auf der Welt Rechtssprüchen von unabhängigen Menschenrechtskommissionen oder Gerichtshöfen unterwirft, hat sich als bisher wirksamstes weltweites Instrument der Sanktionierung dieser Rechte die internationale Berichtspflicht der Staaten herausgebildet, die völkerrechtlich verbindliche Menschenrechtspakete unterzeichnet haben. Dies gilt insbesondere für den Sozialrechtspakt der Vereinten Nationen, der allerdings erst 1976 in Kraft getreten ist, findet aber auch zur Effektivierung der völkerrechtlich nicht verbindlichen KSZE-Schlußakte in den verschiedenen Folgekonferenzen seine Anwendung. Da insbesondere von den

Staaten, in denen die schwerwiegendsten Menschenrechtsverletzungen statthaben, in der Regel jedem Begehren internationaler juristischer Prüfung das Verbot der Einmischung in ihre inneren Angelegenheiten entgegengehalten wird, bleiben als weitere Instrumente zur Durchsetzung der Menschenrechte nur positive oder negative Wirtschaftssanktionen sowie Informationen und die öffentliche Kritik an Menschenrechtsverletzungen. Ob die Streichungen oder das Angebot von Wirtschaftshilfe bzw. -kooperation, ob stille Diplomatie oder öffentliche Menschenrechtskampagnen geeignet sind, die Menschenrechte in einem Land zu fördern, hängt von der jeweiligen Situation und dem Ansprechpartner ab. Die amerikanische Menschenrechtspolitik unter Präsident Carter hat hierzu wichtige Erfahrungen erbracht und Gesichtspunkte entwikkelt[6]), die der damalige Außenminister Cyrus R. Vance in seiner programmatischen „Law Day Address on Human Rights Policy" vom 30. April 1977 zusammenfaßte[7]). Sie hat zugleich deutlich gemacht, daß jede Menschenrechtspolitik in das Kreuz des Nord-Süd- und des Ost-West-Konflikts eingespannt und von der friedlichen Regelung dieser beiden nicht zu trennen ist.

III. Menschenrechte, soziale Demokratie und Frieden

Es fällt auf, daß sowohl in Europa als auch in den Vereinigten Staaten die Kritik an Menschenrechtsverletzungen sich von konservativer Seite vornehmlich auf den sowjetischen Machtbereich, die von der Linken vornehmlich auf konservativ-autoritäre oder rechts-diktatorische Regime der Dritten Welt konzentriert. Während Konservative sich scheuen, die Kritik der Linken zu übernehmen, weil sie befürchten, damit prokommunistischen oder prosowjetischen Kräften in die Hände zu spielen, sorgen Linke sich davor, durch Kritik an Menschenrechtsverletzungen im Sowjetbereich die Entspannung zu stören, Abrüstungsbemühungen zu erschweren, bei der inneren Opposition im Sowjetbereich Illusionen in bezug auf westliche Unterstützung zu fördern oder gar durch Ermutigung der Oppositon innere Unruhen im Sowjetblock und Kriegsgefahren heraufzubeschwören. Da die rechten menschenrechtsverletzenden Regime in der Dritten Welt keine Weltmacht hinter sich haben, besteht eine entsprechende Gefahr bei der Kritik an ihnen nicht.

Sofern man die Verwirklichung der Menschenrechte ernst nimmt, muß man einer einseitigen konservativen Perspektive entgegenhalten, daß die vorschnelle Unterordnung von Dritte-Welt-Konflikten unter den Ost-West-Konflitkt die Chancen einer sozialökonomischen Entwicklung und einer demokratischen Evolution verbaut und damit der Sowjetunion erst recht in die Hände arbeitet, abgesehen davon, daß die mit der Einäugigkeit häufig einhergehenden Bagatellisierung von Menschenrechtsverletzungen rechts-diktatorischer Regime die Glaubwürdigkeit der Kritik am sowjetischen Machtbereich untergräbt. Damit soll weder verschwiegen werden, daß die Destabilisierung einer rechten Diktatur vielfach das Risiko des Umschlags in eine kommunistische enthält, noch daß die Sowjetunion versucht, ihre

Macht auf die Dritte Welt auszudehnen, was menschenrechtsfeindliche Verfassungen begünstigt. Aber beide Argumente degenerieren nur dann nicht zum Vorwand menschenrechtspolitischer Einäugigkeit, wenn sie die sozialen und ökonomischen Probleme, die die grundlegenden Ursachen der Verletzung von Menschenrechten darstellen, ernst nehmen.

Umgekehrt ist auch die These, daß eine aktive Menschenrechtspolitik die Entspannung und den Frieden gefährde, nicht haltbar. So hat die Sowjetunion sich durch Carters Menschenrechtspolitik nicht am Abschluß von SALT II hindern lassen. Zwar kann die Einmahnung von Menschenrechten von der Sowjetunion immer als Konfrontationspolitik ausgelegt oder propagandistisch ausgewertet werden, langfristig aber ist für eine Abrüstungs- und Kooperationspolitik entscheidend, die Gespräche nicht abbrechen zu lassen und in ihnen Vorschläge zu unterbreiten, an denen die Sowjetunion aus ihrer Sicht Interesse entwickeln kann. Im übrigen besteht die Gefahr, daß die Menschenrechtsbewegung im Sowjetbereich die Illusion einer Roll-back-Unterstützung aus dem Westen hegen könnte, spätestens seit der Hinnahme des sowjetischen Einmarsches in die CSSR 1968 nicht mehr. Auch daß durch die Menschenrechtsopposition eine kriegsgefährdende Destabilisierung des Sowjetbereiches entstehen könnte, ist wenig wahrscheinlich, wenn man bedenkt, wie klar im „Ernstfall" solche Opposition durch Geheimdienst und Militär, vor allem in der Sowjetunion selbst, unterdrückt werden kann. Eher könnte man umgekehrt argumentieren, daß ohne solche Opposition die herrschenden kommunistischen Systeme nicht genügend Signale für die Notwendigkeit von Reformen erhalten und die Erstarrung einen Grad annimmt, der nur noch eine explosive Veränderung offen läßt. Nicht in zu großer **Er**mutigung, sondern in der **Ent**mutigung der Menschenrechtsopposition liegt die eigentliche Gefahr, weil sie zur Erosion der moralischen Substanz und Identität der kommunistisch regierten Gesellschaften beitragen würde. Da diese nur sehr langfristig auf politische Reformen hoffen können, liegt zu ihrem Überleben alles daran, daß sie ihre Substanz und Identität wahren können.

Aber auch die moralische Substanz und Identität der demokratisch regierten Gesellschaften würden erheblichen Schaden leiden, würde man die Verwirklichung der Menschenrechte nicht überall auf der Welt in gleicher Weise ernst nehmen. Denn die politische Relativierung dieses Maßstabs nimmt ihm zum einen seine Bedeutung für die Kritik an Menschenrechtsverletzungen in den westlichen Demokratien selbst. Sie führt darüber hinaus zu deren Delegitimierung und Entwertung[8]). Der Maßstab für den Wert der Demokratie läge dann nur noch in ihrer materiellen bzw. ökonomischen Effizienz – ein Kriterium, das gerade in der deutschen Geschichte etwa bei der Preisgabe der Weimarer Demokratie, eine problematische Rolle gespielt hat.

Im Lichte der vorangegangenen Überlegungen komme ich auf den anfangs zitierten Satz zurück: „Der Friede ist nicht alles, aber ohne den Frieden ist alles nichts." Dieser Satz, der den Wert und die Bedeutung des Friedens besonders hervorzuheben scheint, macht es sich in Wirklichkeit mit der Schwierigkeit der Friedenssicherung zu leicht, stellt deshalb implizit eine falsche Alternative auf – die Alternative nämlich zwischen dem Frieden einerseits und der auf die Verwirklichung der Menschenrechte gerichteten politischen und sozialen Demokratie andererseits – und verstellt dadurch für eine beharrliche und klarsichtige Friedenspolitik in Wahrheit den Blick.

Denn das Risiko eines großen atomaren Krieges – wenn wir das Wort Frieden in dieser Bedeutung begreifen – entsteht eben nicht aus der Forderung, die freiheitlichen Verfassungen im Dienst der Wahrung der Menschenrechte dort, wo es sie gibt, zu schützen, und Menschenrechtsbewegungen im kommunistischen Machtbereich moralisch und materiell mit friedlichen Mitteln zu unterstützen. Auch für die in der Regel kühl kalkulierenden sowjetischen Politiker gilt, daß kurzfristige Machteinbußen und langfristige Reformen einem kurzschlüssig provozierten kollektiven Selbstmord vorzuziehen sind.

Das Risiko eines großen atomaren Krieges ergibt sich vielmehr aus den unzähligen Konfliktherden in der Dritten Welt, die wirklich zuverlässig nur durch eine Menschenrechtspolitik geheilt werden können. Ihr Ziel aber ist in der Dritten Welt kein anderes als in der ersten und zweiten, d.h. die unbeirrte und geduldige Errichtung und Entwicklung freiheitlicher und sozialer Demokratien, in denen die Macht geteilt ist, in denen eine unabhängige Rechtsprechung die Unversehrtheit der Person schützt und in denen der soziale Ausgleich die materielle Grundlage für die effektive Wahrnehmung des Rechts auf Selbstbestimmung allererst ermöglicht. Ohne solche Demokratien werden die Länder der Dritten Welt nicht zum inneren Frieden gelangen. Allein ihr innerer Friede aber schafft auch die Voraussetzung für einen dauerhaften äußeren Frieden, indem er die friedliche Regelung der zwischenstaatlichen Konflikte in der Dritten Welt begünstigt und in demselben Maße die Versuchung und die Möglichkeit, die Dritte Welt zum Schauplatz des Ost-West-Konflikts zu machen, reduziert. Die Chancen für die Errichtung und Entwicklung sozialer Demokratien in der Dritten Welt aber nehmen ab, wenn wir auf die ideelle und machtpolitische Sicherung der Demokratien und der Menschenrechte in der Ersten Welt und auf ihre moralische und materielle Unterstützung in der Zweiten und Dritten Welt verzichten. Friedenspolitik als Menschenrechtspolitik ist nicht teilbar.

Octavio Paz, im Jahre 1984 Träger des Friedenspreises des deutschen Buchhandels, hat in seiner Rede in der Frankfurter Paulskirche eindringlich auf den Zusammenhang zwischen Frieden und Menschenrechten, zwischen Frieden und Demokratie auf der ganzen Welt hingewiesen.

Zwar garantieren auch Demokratien den Frieden nicht, aber sie allein schaffen den Raum für die friedliche Regelung von Konflikten. Das gilt nach Octavio Paz sowohl für seine Heimat Mittelamerika, wo sich der Friedenspreisträger in dankenswerter Eindeutigkeit gegen jegliche Diktatur rechter wie linker Provenienz ausspricht, als auch für die Erste Welt, deren „pazifistische Demonstrationen in den totalitären Ländern undenkbar und unmöglich wären". Als Quintessenz seiner Überlegungen schärft er uns ein: „Es ist daher sowohl ein logischer und politischer Fehler als auch ein Mangel an Moral, den Frieden von der Demokratie zu trennen." und: „Nur wenn wir die Demokratie verteidigen, wird es uns möglich sein, den Frieden zu bewahren."[9])

Faßt man die politischen Erfahrungen der letzten 20 Jahre in bezug auf den Ost-West- und den Nord-Süd-Konflikt zusammen, um eine Friedenspolitik für die überschaubare Zukunft zu formulieren, so zeigt sich, daß die für den Ost-West-Konflikt entworfene Entspannungspolitik nur in Verbindung mit einer zupackenden und menschenrechtsorientierten Dritte-Welt-Politik weiterentwickelt werden kann, denn die Beruhigung in Europa hat die Verlagerung des Ost-West-Konflikts in die Dritte Welt nicht verhindert, sondern im Gegenteil gefördert. Von dort droht er auf Europa zurückzuschlagen, wenn es nicht gelingt, eine konsequente und politisch kluge Menschenrechtspolitik im Weltmaßstab als angemessene Fortentwicklung der Entspannungspolitik zu entwerfen, zu vereinbaren und zu praktizieren.

In Zukunft wird die Tauglichkeit des Engagements für Entspannung und Frieden sich daran messen, ob diese Fortentwicklung glückt. Der anfänglich zitierte Satz über den Frieden leistet dazu keinen Beitrag. Im Gegenteil. Er führt in eine Sackgasse. Nicht Friedenssicherng statt Menschenrechte, auch nicht Friedenssicherng ohne Menschenrechte, sondern Friedenssicherung durch Menschenrechte, dies muß, so meine ich, die Losung sein, wenn es uns um den Frieden ernst ist.

Zusammenfassung

In der Auseinandersetzung um eine angemessene Friedenspolitik im nuklearen Zeitalter wird vielfach ein eindeutiger Vorrang des Friedens vor der Einmahnung der Menschenrechte gefordert. Damit geraten implizit oder explizit die Friedens- und die Menschenrechtssicherung zu einer Alternative. Da die wichtigste Gefahr für den Weltfrieden aus Konflikten in der Dritten Welt erwächst, die letztlich aus der Mißachtung von Menschenrechten herrühren: ist diese Alternative falsch. Denn nur die Verwirklichung von Menschenrechten kann diese Konflikte wirklich beheben. Dazu ist eine Klärung des Streits um die inhaltliche Interpretation der Menschenrechte erforderlich. Dabei geht es letztlich um den Gegensatz zwischen der verfassungsmäßigen Teilung und der Konzentration der politischen Macht. Das westliche Prinzip der Machtteilung ist zur Sicherung der Menschenrechte auch für die Zweite und die Dritte Welt angemessen. Um den Frieden zuverlässig und langfristig zu sichern, muß die für den Ost-West-Konflikt hauptsächlich in bezug auf Europa entworfene Entspannungspoltitik zu einer weltweiten und realistischen Menschenrechtspolitik fortentwickelt werden.

Anmerkungen

[1]) Vgl. dazu Wolfgang Heidelmeyer (Hrsg.), Die Menschenrechte, 2. Aufl. Paderborn 1977.

[2]) Vgl. dazu: Human Rights in Socialist Society, Novosti Agency Publishing House, Moscow 1981.

[3]) Vgl. Adamantia Pollis, Peter Schwab (Hrsg.), Human Rights. Cultural and Ideological Perspectives, Draeger Publishers, New York/London/Sidney/Toronto 1980.

[4]) Vgl. Dunstan M. Wai, „Human Rights in Sub-Saharan Africa" in: aaO. (FN 3).

[5] Vgl. Dirk Berg-Schlosser: „Afrika zwischen Despotie und Demokratie. Bedingungen und Lebensfähigkeit der politischen Systeme der Gegenwart" in: Aus Politik und Zeitgeschichte, B 14/84, S. 3–14.

[6]) Vgl. hierzu Friedberg Pflüger, Die Menschenrechtspolitik der USA, München/Wien 1983.

[7]) In: Donald P. Kommers / Gilbert D. Loescher (Hrsg.), Human Rights and American Foreign Policy, University of Notre Dame Press, Notre Dame, London 1979.

[8]) Vgl. Martin Kriele: Die Menschenrechte zwischen Ost und West, Köln 1977, S. 56.

[9]) FAZ, 8.10.1984, S. 11

---

* Erschienen in: Zeitschrift für Politik, Heymanns Verlag Köln, 33. Jg., 1986

Erich Maletzke

Gedanken über die Rolle der Presse

Einen nicht sonderlich originellen Zeitungsartikel erkennt man zuweilen schon daran, daß er mit einem Zitat beginnt. Mit dieser List, zunächst einen anderen reden zu lassen, verschafft sich der Verfasser noch etwas Zeit, um seine eigenen Gedanken für den richtigen Anfang zu ordnen.

Ich beginne gleich mit drei Zitaten:

1. Von Napoleon soll der Ausspruch stammen, er fürchte drei Zeitungen mehr als 100 000 Bajonettes.
2. Der dritte amerikanische Präsident Thomas Jefferson hat gesagt: Wenn ich entscheiden sollte, ob wir eine Regierung ohne Zeitung oder eine Zeitung ohne Regierung haben sollten, ich würde nicht einen Augenblick zögern, das letztere vorzuziehen.
3. Ein namentlich nicht nennenswerter Direktor der offiziellen sowjetischen Nachrichtenagentur TASS hat gesagt: Nachrichten sind Agitation mit Hilfe von Tatsachen.

In diesen drei Zitaten steckt alles, was über die Presse zu sagen ist. Man muß die drei Aussagen nur gründlich filtern, denn da sie von einem Politiker, von einem Funktionär und von einem Genie stammen, darf man sie natürlich nicht für die reine Wahrheit ansehen.

Natürlich hat Napoleon die Zeitungen nicht mehr gefürchtet als eine ganze Armee. Er hätte sie mühelos ohne Benutzung eines einzigen Bajonetts, nämlich mit einem Federstrich, zum Schweigen bringen können. Aber er hat offenbar erkannt, welchen Einfluß eine wirklich freie Presse für **den** oder **die** Regierenden haben kann. Sie kann nämlich den mächtigsten Mann der Welt zu Fall bringen.

Denken wir an Watergate und Richard Nixon. Er mußte nicht deshalb gehen, weil die Opposition oder gar die eigene Partei dies erzwungen hätten, sondern allein deshalb, weil die angesehene Zeitung „Washington Post" der amerikanischen Öffentlichkeit in einer journalistischen Meisterleistung klargemacht hatte, daß die größte Demokratie der Welt nicht von einem Mann regiert werden könne, der ständig aufs Gröbste das Gesetz mißachte.

Hätte es damals unter Nixon, um auf das Zitat von Präsident Jefferson zurückzukommen, eine **Regierung ohne Zeitung** gegeben, mit der Demokratie wäre gewiß Schlimmes passiert. Vielleicht weit über die Grenzen Amerikas hinaus. Nichts breitet sich nämlich im politischen Leben so schnell aus wie schlechte Sitten.

Der **erste Teil** von Thomas Jeffersons Zitat ist also gewiß richtig: Jede Regierung braucht eine Kontrolle durch die Medien – ich komme auf diesen Punkt später noch einmal zurück.

Über die Richtigkeit des zweiten Teiles braucht man nicht zu streiten. Eine Zeitung kann keine Regierung ersetzen, auch wenn die eine oder andere Zeitung gerne den Eindruck erweckt, nur sie allein wisse ganz genau, wie regiert werden müsse.

Damit ist die Verbindung zu dem dritten Zitat hergestellt. Noch einmal zur Erinnerung: Der TASS-Direktor sagte mit geradezu zynischer Offenheit: **Nachrichten sind Agitation mit Hilfe von Tatsachen.** Unter diesem Leitsatz steht die gesamte Presse des Ostblocks, und man braucht nur eine beliebige Ausgabe des Neuen Deutschlands oder der Prawda aufzuschlagen, um dies jeden Tag bestätigt zu bekommen. In totalitären Ländern dienen die Zeitungen nicht der Information, sondern allein der Propaganda. Nicht die Redakteure entscheiden darüber, welche Meldung ins Blatt gerückt wird, sondern die Funktionäre. Die Zeitungen vermitteln daher keine politische Bildung, sondern sie treiben Indoktrination.

Hierzulande gehört es beinahe schon zum guten Ton, an den Zeitungen, ob große oder kleine, herumzumäkeln. Den ewig Unzufriedenen möchte man zuweilen gerne einmal eine Zeitung von drüben ins Abonnement beilegen, damit sie sehen, was sie an den heimatlichen Produkten bei aller Unvollkommenheit wirklich haben.

Es gibt viele Experten, die behaupten, Wahlen werden weniger von der Presse, sondern vorwiegend vom Fernsehen beeinflußt. Das mag stimmen. Gefühle, ob nun Sympathien oder Antipathien, lassen sich gewiß besser über den Bildschirm als über eine Zeitungsseite transportieren. Ich behaupte aber, daß Bildung im allgemeinen und die politische im besonderen noch immer vorwiegend über das geschriebene Wort vermittelt wird. Und wer mir sagt, er lese keine Zeitung, sondern bilde sich seine politische Meinung über die Tagesschau oder das politische Fernseh-Magazin, der verfügt sicherlich über eine Meinung, aber kaum über Bildung.

Wer dies bezweifelt, der lese das jüngst erschienene Buch „Wir amüsieren uns zu Tode" des Amerikaners Neil Postman, in dem die Rolle des Fernsehens bei der Information des amerikanischen Zuschauers untersucht wird. Ich kann die Lektüre dieses Taschenbuches nur wärmstens empfehlen. Als Vorgeschmack mögen folgende Zitate dienen:

„Die Nachrichtensendung ist ein Rahmen für Entertainment und nicht für Bildung, Nachdenken oder Besinnung. Mit anderen Worten, das Fernsehen ist dabei unsere Kultur in eine riesige Arena für das Showbusiness zu verwandeln.

So kommt es, daß die Amerikaner die am besten unterhaltenen und zugleich wahrscheinlich die am schlechtesten informierten Leute der Welt sind." Soweit Neil Postman.

Zugegeben, ganz so schlimm wie in Amerika ist es hierzulande noch nicht, und ich will den Kollegen vom Fernsehen auch gar nicht ungebührlich auf die Füße treten. Es liegt aber einfach an der Natur des Fernseh-Mediums, daß solche Themen bevorzugt werden, die bildlich etwas hergeben. Das geht natürlich auf Kosten der nüchternen, weniger spektakulären Wort-Nachricht.

Mit Bilder und Filmen aber läßt sich, jedenfalls dann, wenn sie nur sekundenlang serviert werden, kein Hintergrund erläutern, und es läßt sich kein Abwägen von Für und Wider erreichen.

Das ist bei der Zeitung völlig anders. Eine Zeitungsseite soll über das Layout zwar auch ein ansprechendes Bild liefern, aber das Entscheidende bleibt doch der Inhalt. Es gibt sogar sehr angesehene Zeitungen, etwa die „Neue Zürcher", die ihr Äußeres geradezu bewußt vernachlässigen, so als ob sie sich den mit ausgebeulten Hosen dahinschreitenden Gelehrten anpassen wollten.

Ich behaupte daher: Es erfordert größere intellektuelle Anstrengungen, eine Zeitung oder auch ein Buch zu lesen, als ein Fernseh- oder ein Radioprogramm zu verfolgen. Beim Lesen wird geistige Aktivität verlangt, beim Fernsehen – von Ausnahmen abgesehen – eher Passivität. Anstrengung aber wird in der Regel stärker vergütet als Unterhaltung.

Auf unser Beispiel bezogen bedeutet dies, wer eine Zeitung liest, und ich meine damit alle oder fast alle Seiten, der tut jeden Tag etwas für seine Bildung. Für die allgemeine Bildung und damit automatisch auch für die politische Bildung. Golo Mann behauptet zwar, aus der Geschichte könne man nicht allzuviel lernen, weil sich Situationen niemals genau wiederholen. Die Lösung von gestern taugt nach seiner Ansicht also nicht als Lösung von morgen. In der Politik scheint mir das etwas anders zu sein.

Hier wiederholt sich vieles, und ein Rezept, das für die vorangegangene Krise gewirkt hat, das hilft meistens, oder sagen wir oft, auch für die gegenwärtige Krise oder für die nächste. Unsere Politiker, jedenfalls die führenden, kennen die bewährten Rezepte. Und wenn sie nicht wüßten, daß sie wirken, sie müßten verzweifeln. Denn würde für jede der täglich aufs neue eintretenden Krisen und Streitfälle erst ein neues Heilmittel ersonnen, das vollkommene Chaos wäre uns sicher.

Der politisch interessierte Zuschauer dieses Sommer-, Herbst-, Winter- oder Wahltheaters kann aber nur dann mitspielen, das heißt den Ablauf erkennen und kritisch oder wohlwollend beurteilen, wenn er weiß, wie es hinter den Kulissen aussieht. Er muß informiert sein.

Das könnte er natürlich am einfachsten erreichen, wenn er sich an den Ort der Handlung begeben würde. Doch das kann er aus verständlichen Gründen nicht oder, jedenfalls sehr selten. Folglich ist er auf die Mitbürger angewiesen, die das können. Damit sind wir bei den Journalisten, und das sind höchst merkwürdige Leute. Sie werden zugleich angehimmelt und verachtet. Man glaubt ihnen kein Wort und verschlingt ihre Worte doch, so als würde ihnen vom Allmächtigen persönlich die Feder geführt. Ein Journalist sitzt stets zwischen allen Stühlen, aber dort wird er von denen, die ihm gerade den Stuhl unter dem Allerwertesten weggezogen haben, mit weichen Kissen und allen Genüssen dieser Welt geradezu verwöhnt.

Politiker können Journalisten nicht ausstehen, und doch umflattern sie diese wie die Motten das Licht. Wenn man nicht in der Zeitung steht, ist das aus der Sicht eines Spitzenpolitikers noch schlimmer, als wenn etwas Kritisches geschrieben wird. Dieses ganz merkwürdige Spannungsverhältnis zwischen Politikern und Journalisten ist aber nichts Negatives, sondern es gehört im Gegenteill zum Berufsbild. Wenn dieser Gegensatz abgebaut wird, wenn etwa Freundschaft zwischen einem Journalisten und einem Politiker ausbricht, dann ist höchste Gefahr im Verzuge. Gefahr für die objektive Berichterstattung, Gefahr für die Schlagkraft der 4. Gewalt.

Einem Freund oder auch nur einem guten Bekannten kann man nicht in einer Zeitung vorwerfen, er habe dieses oder jenes völlig falsch gemacht. Meistens ist nach einer solchen öffentlichen Kritik die Freundschaft nicht nur beendet, sondern ins Gegenteil verwandelt.

Andererseits kann niemand von einem politischen Journalisten erwarten, daß er sich sein berufliches Leben lang nur mit Gegnern umgibt, die er jederzeit publizistisch malträtieren kann. Erforderlich ist also ein Mittelweg, der allerdings nicht breit und bequem ist, sondern eine ständige Gratwanderung darstellt. Man muß Kontakte pflegen und auch Vertrauensverhältnisse aufbauen, ohne allzu feste persönliche Bindungen einzugehen. Erforderlich ist somit Distanz und Nähe zugleich.

Dieses sehr komplizierte Kräftespiel ist die schwierigste Aufgabe, die ein Journalist zu bewältigen hat, und sehr viele, vielleicht die meisten, stürzen bei dieser Gratwanderung nach der einen oder anderen Seite ab. Das heißt, sie lassen sich in den behüteten Schoß einer Partei fallen.

In diesem Augenblick aber wird aus einem Journalisten ein Parteisprecher, der wie ein Politiker grundsätzlich alles hervorragend findet, was die eigene Führung auf die Fahnen schreibt, und der alles als reines Teufelswerk ansieht, was vom Gegner kommt.

Der Leidtragende dieses Parteibuch-Journalismus ist nicht so sehr der Journalist selbst, dem geht es durch allerlei Wohltaten im lieblichen Tal viel besser als bei der erwähnten Gratwanderung. Leidtragende sind seine Leser oder Hörer.

Nach meinen Erfahrungen nimmt der Parteibuch-Journalismus hierzulande ein beängstigendes Ausmaß an. Und diese reichlich unerfreuliche Entwicklung hängt nicht zuletzt damit zusammen, daß die Macht der Parteien ständig zunimmt.

In Artikel 21 des Grundgesetzes heißt es: **„Die Parteien wirken bei der politischen Willensbildung des Volkes mit."** Doch dieser aus schlechter Erfahrung bewußt sehr eingeschränkte Spielraum wird seit langem ungestraft überschritten. Einer riesigen Krake ähnelnd schieben sich die Parteien in Lebensbereiche hinein, in denen sie wirklich nichts verloren haben. Und sie entdecken ständig neue Felder, die sie ideologisch zu bedüngen versuchen. Ich halte dies für eine sehr gefährliche Entwicklung, die dringend eingedämmt und nicht noch dadurch gefördert werden sollte, daß den Parteien ständig mehr öffentliche und private Gelder zugeschoben werden. Ob ganz legal oder ob in Briefumschlägen, ist gar nicht entscheidend.

Da es bei diesem Vordringen der Parteien in den kulturellen, schulischen und auch ganz privaten Bereich keine Opposition gibt, weil eben alle mitmachen, liegt hier eine ganz besonders wichtige Aufgabe der unabhängigen politischen Bildungsarbeit und vor allem der Journalisten. Ich fürchte allerdings, daß noch nicht die Größe der Gefahr und auch die Größe der Aufgabe erkannt worden ist.

Im Lager der 4. Gewalt werden gewaltige Summen darauf verwendet, vermeintliche Sensationen, Katastrophen oder Indiskretionen unter das Volk zu streuen.

Die Schuld für den daraus resultierenden Sensations- oder Klatschjournalismus sollte aber nicht nur bei den Schreibern gesucht werden, sondern eher noch bei den Lesern. Und das gilt auch für viele andere Publikationen, die mehr zur Volksverdummung als zur Aufklärung oder gar Bildung beitragen. Es kann nämlich täglich nur in Millionenhöhe gedruckt werden, was auch gekauft und damit gewünscht wird.

Mögen viele Leute nun auch die falsche Zeitung lesen, erfreulich ist doch, daß hierzulande noch relativ viel Zeitung gelesen wird. Zur Erläuterung nur einige wenige Zahlen:

Es werden in der Bundesrepublik täglich 21 Millionen Zeitungen verkauft. 82 Prozent aller lesefähigen Bürger vertiefen sich mehr oder weniger lange in eine Zeitung. Im Durchschnitt etwa eine halbe Stunde. Jüngere Leser nur 13 Minuten.

Diese Zeiten, die dem Produkt Zeitung gewidmet werden, sind eindeutig zu kurz. In einer halben Stunde kann niemand ernsthaft eine Zeitung bewältigen, mag sie, vor allem in der Sommerzeit, auch noch so mager sein.

Wer nun schuld daran ist, daß sich Zeitungsmacher und Leser nur so kurz vereinen, sei dahingestellt. Wahrscheinlich haben wie so oft beide Seiten etwas gutzumachen. Noch viel zu wenig Zeitungen, vor allem im regionalen

Bereich, haben wohl erkannt, was der aufgeklärte Leser wirklich von **seiner** Zeitung verlangt. Natürlich politische Information, aber auch Lebenshilfe für den Umgang mit Behörden, für die Freizeit, für das Einkaufen. Nicht erwünscht sind Hofberichterstattung, also das kritiklose Bejubeln aller Taten, die im Rathaus begangen werden.

Aber auch wenn manche Zeitung nicht so attraktiv ist wie sie eigentlich sein sollte, sie verdient doch mehr Aufmerksamkeit als die erwähnte halbe Stunde. Schließlich wirft der Verbraucher ja auch kein anderes Produkt, für das er bezahlt hat, einfach weg, ehe es ausgebraucht ist.

Möglicherweise liegt der doch weitgehend oberflächliche Gebrauch einer Zeitung auch ein wenig daran, daß der Leser weiß, daß etwa zwei Drittel ihres Wertes ein anderer bezahlt hat, nämlich der Anzeigenkunde. Es gibt übrigens wenig andere Waren, bei deren Gebrauch der Verbraucher eine ähnlich hohe Subvention genießen kann.

Das Thema **Kosten einer Zeitung** führt nun geradezu notgedrungen auf eine Entwicklung, die allen Verlegern, aber auch den Journalisten erheblichen Ärger bereitet: nämlich die kostenlos verteilten Zeitungen, die sogenannten Anzeigenblätter. Sie haben sich in den letzten Jahren mit geradezu atemberaubendem Tempo ausgebreitet und bundesweit eine wöchentliche Auflage von 50 Millionen Exemplaren erreicht.

Es sind oft kleine, extra für das jeweilige Projekt ins Leben gerufene Verlage, die Anzeigenblätter herausgeben. Aber nicht nur. Auch große Verlagshäuser haben sich sozusagen in Notwehr gezwungen gesehen, der neuen Konkurrenz entgegenzutreten und nun ihrerseits ein Anzeigenblatt auf den Markt zu werfen.

Ich benutze ganz bewußt den Ausdruck „Blatt", denn als Zeitung kann man diese Druckerzeugnisse wahrlich nicht bezeichnen, und dies ist sogar durch ein Gerichtsurteil abgesichert. Danach wird von einer Zeitung verlangt, daß sie kontinuierlich über alle aktuellen Ereignisse berichtet, und das ist bei den Anzeigenblättern eindeutig nicht der Fall.

Sie haben in der Regel auch keine ausgebildeten Redakteure, sondern stützen sich auf nicht festangestellte Mitarbeiter, die des Schreibens mehr oder weniger kundig sind. Und veröffentlicht werden vorwiegend Geschichten, die man sich in der Woche bei der richtigen Zeitung angelesen hat. Hinzu kommt viel Sport, der meistens ebenfalls sehr preisgünstig über Quellen bezogen werden kann, die andere bezahlt haben. Sollte jemand an dieser Stelle fragen, was die kritischen Bemerkungen über eine Konkurrenz mit der Bedeutung der Presse als 4. Gewalt zu tun haben, so muß die Antwort lauten:

Es besteht ein größerer Zusammenhang, als es den Anschein hat.

Zunächst einmal liefern die Anzeigenblätter so gut wie keinen eigenen Beitrag zur politischen Bildung, da sie keine nennenwerte politische Berichterstattung betreiben.

Das ist aber nicht das Entscheidende. Viel schwerwiegender ist, daß sie den richtigen Zeitungen gerade auf regionaler Ebene so viele Anzeigen abnehmen, daß die Berichterstattung eingeschränkt werden muß. Das mag zunächst nicht ganz einleuchtend klingen, und soll daher ein wenig näher erläutert werden.

Es ist sicherlich den meisten Lesern unbekannt, daß der tägliche Anzeigenteil einer Zeitung den Umfang des redaktionellen Teiles bestimmt. Liegen bei der Festlegung der Seitenzahl wenige Anzeigenseiten vor, wird der gesamte Umfang reduziert. Der Leser bekommt also weniger geboten.

Da die Seitenzahl aber nicht beliebig verringert werden kann, weil das Produkt dann zu dünn ausfallen würde und nicht genügend Käufer finden beziehungsweise die Abonnenten verärgern würde, muß angesichts des Anzeigenrückganges an anderer Stelle gespart werden: nämlich bei der Qualität.

Es wird vielleicht die zweite Nachrichtenagentur abbestellt oder ein Bonner Korresspondent oder der teure Hintergrundbericht werden eingespart. Mit anderen Worten: Die Qualität und damit die Kontrollmöglichkeit der Presse wird ganz erheblich eingeschränkt.

Diese Kontrolle gegenüber Regierung, Gesetzgebung, in gewisser Hinsicht auch gegenüber der rechtsprechenden Gewalt kann gar nicht hoch genug eingeschätzt werden, denn eines der wichtigsten Kennzeichen einer Demokratie ist nun einmal die Pressefreiheit. Jeder Reisende braucht sich beim Besuch eines fremden Staates nur anzusehen, was die Medien verbreiten dürfen und was nicht, und er kann allein daran erkennen, wie frei die Menschen in dem betreffenden Lande leben.

Man kann daher Presse und Rundfunkwesen neben den drei klassischen Gewalten als mit gutem Gewissen die vierte Gewalt in einem demokratischen Staat bezeichnen. Ihre Mitglieder, nämlich die Journalisten, haben es in der Regel besser als die Angehörigen der anderen drei Gewalten; sie haben aber auch gleichzeitig mit besonderen Schwierigkeiten zu kämpfen. Um mit den Nachteilen anzufangen: Sieht man einmal von den finanzstarken Presseerzeugnissen ab, kann die Vielzahl der rund 120 selbständigen Redaktionen in der Bundesrepublik Deutschland die Kontrolle der Regierung nur sehr unvollkommen vornehmen. Es fehlt die Zeit, und es fehlt das Personal. Und ich bin überzeugt, gäbe es keine Verräter, die aus Überzeugung oder aus Geldgier Geheimnisse preisgeben, die meisten Skandale oder Mißstände, die durch die Presse bekannt werden, wären unentdeckt geblieben.

Nun wird von einer kleinen Heimatzeitung ohnehin niemand erwarten, daß ihre Redakteure der Regierung in Bonn Skandale nachweisen können. Für diese Zeitung sitzt die Regierung im eigenen Rathaus. Doch hier verhindert oft genug die mangelnde Distanz eine kritische Begleitung. Man kennt sich gut, man sieht sich jeden Tag, und man will keinen unnötigen Ärger.

Der alte Leitsatz, daß eine Zeitung mindestens zu 51 Prozent gegen die **jeweilige** Regierung eingestellt sein soll, wird jedenfalls nur noch selten befolgt.

Auf der anderen Seite aber haben die Mitglieder der vierten Gewalt im Vergleich zu den – nennen wir sie einmal Kollegen – der anderen drei Gewalten beträchtliche Vorteile. Fast jeder Journalist ist sehr viel freier in seinen Entscheidungen als ein Regierungsrat oder auch als ein Richter oder als ein Abgeordneter.

Eine ganz andere Frage ist allerdings, ob die daraus erwachsende besondere Verantwortung stets erkannt wird. Der normale Mensch kann seine Meinung, sei es nun Begeisterung über eine Sache oder Kritik, eben nur zehn, zwanzig oder vielleicht dreißig Mitbürgern kundtun. Ein Journalist dagegen kann Hunderttausende ansprechen.

Kein Wunder, daß er um diese Macht oft beneidet wird, und wer Macht hat, der wird hofiert, und wer hofiert wird, läuft Gefahr, überheblich zu werden. Ich beneide viele Kollegen um ihre Gewißheit, mit der sie die eigene Meinung für die einzig richtige halten.

Ich würde allerdings nicht soweit gehen zu behaupten, ein Journalist durchschaue das politische Spiel auch nicht besser als jeder politisch interessierte Mitbürger. Gut, es mag Ausnahmen geben, aber in jedem Beruf kann man gewisse Dinge lernen und weiß dann mehr als ein Ungelernter. Normalerweise hilft der Zahnarzt beim Backenzahn oder der Elektriker bei der defekten Lichtleitung, und folglich hilft auch der Journalist demjenigen, der wissen will, wie Macht funktioniert oder wie sie mißbraucht wird.

Und um diese Aufklärung zu garantieren, ist eine Vielfalt der Presse mit großen, mittleren und kleineren Zeitungen unbedingt erforderlich. Wenn jemand auf die Frage, welche Tageszeitung er denn lese, antwortet, er lese nur die „Zeit" oder die „FAZ", alles andere sei ihm doch etwas kleinkariert, dann kreide ich dem Betreffenden – natürlich nur innerlich – mangelnde politische Bildung an. In der „Zeit" und in der „FAZ" wird er nämlich nichts darüber erfahren, was sich in dem Rathaus der eigenen Kommune abspielt.

Wer würde sich einen Baumeister engagieren, der sich ganz auf die Konstruktion der prächtigen Kuppel konzentriert, aber keine Ahnung davon hat, wie das Fundament beschaffen sein muß, so daß dem ganzen Bau der Zusammenbruch droht.

Da ich diesen Beitrag mit drei Zitaten angefangen habe und sich eine Art Rahmenhandlung immer gut macht, möchte ich mit zwei Zitaten schließen: Der Naturwissenschaftler und Philosoph Georg Christoph Lichtenberg hat in seinen noch heute nach 200 Jahren lesenwerten Tagebüchern folgendes geschrieben:

„Ich habe mir die Zeitungen vom vorigen Jahr binden lassen: Es ist unbeschreiblich, was für Lektüre dieses ist: 50 Teile falsche Hoffnung, 47 Teile falsche Prophezeiung und drei Teile Wahrheit".

Bei Eugen Roth, dem heiter-tiefsinnigen Poeten, der selbst lange Journalist war, heißt es: „Ein Mensch, der Zeitung liest, erfährt: die Lage völlig ungeklärt. Weil dies seit Adam so gewesen, warum denn da noch Zeitung lesen?"

Ich wage zu behaupten, daß die beiden in ihren Fachgebieten so erfolgreichen Herren wie viele andere vor und nach ihnen mindestens einen Fehler begangen haben: Sie müssen die falsche Zeitung gelesen haben.

Ernst Hessenauer

Politische Weiterbildung der Erzieher als allgemeinbildende Aufgabe

Die unübersehbare Fülle der Eindrücke und Forderungen, die auf den modernen Menschen einstürzen, macht das Leben so kompliziert, daß nur wenige Persönlichkeiten in der Lage sind, es in seiner Vielfalt als Einheit zu begreifen.

Immer neue Erfindungen treten auf, welche die bisherigen Lebensgewohnheiten ändern. Die Verkehrs- und Nachrichtenmittel werden schneller und weitreichender. Die Wirtschaftsgebiete und die politischen Machträume werden größer, ihre Ordnung und Lenkung schwieriger. Dies bewirkt ständige Neueinrichtung, Rationalisierung, Zentralisierung, Technisierung und Erweiterung der Behörden-Apparate, der Wirtschaftsorgane, des Militärwesens und unzähliger anderer Körperschaften des öffentlichen Lebens. Nur noch der Spezialist vermag sich auf seinem Posten zu behaupten. Nur der rationell denkende, auf den Zweck und den Nutzen konzentrierte Mensch hat äußeren Erfolg. So scheint es; und doch ist vordergründige Wirklichkeit selten mit der Wahrheit identisch. Bleiben wir aber, denn wir wollen es uns bei der Betrachtung einer zeitnahen Allgemeinbildung nicht zu leicht machen, zunächst noch bei dem Blick auf das, was wir täglich vorfinden und was Wissensvermittlung, wie Erziehungsarbeit dem Gemeinschaftskundelehrer nicht leicht macht.

Die neu aufkommenden Erfindungen und Einrichtungen schaffen neue Interessengebiete, die neue Begriffe, ja sogar neue, dem Laien unverständliche Sprachen mit sich bringen. Die an den Einzelnen auch in seiner Alltagswelt herantretenden Probleme werden immer mannigfaltiger, vielschichtiger. Der Bürgermeister einer Kleinstadt muß heute im Interesse seiner Gemeinde die Beratungen und Ergebnisse internationaler Organisationen eingehend verfolgen, er hat sich zu interessieren für lokale

Fragen, für Fragen seines Kreises, für provinzielle, für nationale, für europäische und internationale Probleme. Die Welt des einzelnen Staatsbürgers wird in unserem planetarischen Zeitalter immer komplizierter, unübersichtlicher, unverständlicher. Die staatsbürgerliche Erziehung, die vom Grundsatz ausging, der heranwachsende Mensch bedürfe nur einer Aufklärung über die Dinge des öffentlichen Lebens, nur einer möglichst objektiven und umfassenden Kenntnis der öffentlichen Angelegenheiten, dann werde er sich im öffentlichen Leben zurechtfinden – diese staatsbürgerliche Erziehung ist am Ende ihrer Weisheit angelangt. Ja, sie ist von politischer Gefahr. Kenntnis allein genügt nicht mehr.

Der in jenen Jahren angesehenste US-Kolumnist, Walter Lippman, dem ich im September 1953 in Harvard begegnete, sagte schon damals zu unserem gemischt amerikanisch-europäischen Zuhörerkreis: „Während er, der Staatsbürger, eine Sache beobachtet, sind tausend andere großen Veränderungen unterworfen. Wenn er keinen vernünftigen Grund gefunden hat, wo seine Aufmerksamkeit Anker werfen kann, dann wird er verlegen sein wie ein junger Hund, der drei Knochen auf einmal benagen will ... Die orthodoxen Erziehungsgrundsätze können nur Enttäuschungen bringen ... Folglich besteht nicht der geringste Grund dazu, anzunehmen, daß, wie sagenhafte Demokratien sich das gedacht haben, die Zusammenfassung aller individuellen Unkenntnis in den Massen des Volkes eine dauernde, richtunggebende Kraft im öffentlichen Leben bilden kann."

Diese große Schwierigkeit einer zeitnahen politischen Bildung und Allgemeinbildung vor Augen, ging es in unseren Weiterbildungsseminaren für Erzieher aller Schularten in Schleswig-Holstein selbst und auf Bundesebene schon in den 50er Jahren vor allem anderen darum, in den Lehrern das Bewußtsein dafür zu wecken und zu schärfen, daß es in der 2. deutschen Republik – im Unterschied zur Weimarer Republik – daß es in unserem freiheitlichen und sozialen Rechtsstaat bei der politischen Bildung nicht nur darum geht, sachlich zu informieren und die vernünftigen wie unheilvollen politischen Wege aufzuzeigen, sondern daß wir politische Erzieher darüber hinaus die Verpflichtung haben, die guten Kräfte in den uns anvertrauten jungen Menschen zu mobilisieren, für ihr privates und für ihr öffentliches Leben in Staat und Gesellschaft. Politische Bildung erweitert sich zur Allgemeinbildung.

Diese Verpflichtung haben wir Erzieher auch dann, wenn uns ihre Verwirklichung nicht immer gelingt. Mit dem Mut zum Dennoch und Trotzdem gilt es, dafür zu arbeiten. Mit kritischer Vernunft und mit der Überzeugungskraft, die aus freiheitlicher und humaner Gesinnung erwächst.

Genau dies war die Grundhaltung, als ich dem Ältestenrat des Deutschen Bundestages, nach vorausgegangenen Gesprächen mit Hermann Ehlers und Carlo Schmid, die Idee eines „Bonner Lehrerseminars" vortrug, eines Seminars, das es weder in der deutschen, noch in der internationalen Parlamentsgeschichte bisher gegeben hat.

Als Initiator und jahrzehntelanger Pädagogischer Leiter dieser „Bonner Lehrerseminare" komme ich der Bitte gerne nach, über die Entstehung und Entwicklung dieser Einrichtung zu berichten. Das „Bonner Lehrerseminar" zählt nach übereinstimmender Auffassung der Ständigen Konferenz der Kultusminister, des Deutschen Bundestages und des Bundesrates zu den wichtigsten Einrichtungen in der politischen Bildung der Bundesrepublik Deutschland.

Es liegt mir fern, ausschließlich trokkene Zahlen mitzuteilen oder gar mit Kommentaren über Lust und Frust des Seminarleiters die eigene Arbeit zu charakterisieren. Ich werde vielmehr, zumal das nicht in den Gründungsakten steht, mit zwei heiteren Erlebnissen beginnen, die allerdings nicht ohne ernsten Hintergrund sind und die zur Entstehung der „Bonner Lehrerseminare" entscheidend beigetragen haben. Sodann werde ich über einige wichtige Aspekte inhaltlicher Entwicklung der „Bonner Lehrerseminare" berichten. Abschließend möchte ich die beiden Lehrergruppen der Gegenwart aus subjektiver Sicht skizzieren, die ich in den letzten Jahren in Schleswig-Holstein und auch in den „Bonner Lehrerseminaren" angetroffen habe und die eine besondere Beachtung verdienen.

Zunächst zu den beiden nur scheinbar heiteren Erlebnissen, die mich auf die Idee brachten, dem damaligen Bundestagspräsidenten, Dr. Hermann Ehlers, sowie dem damaligen Bundestagsvizepräsidenten, Professor Dr. Carlo Schmid, die Einrichtung von „Bonner Lehrerseminaren" vorzuschlagen. Diese beiden großen deutschen Poliker sind die Geburtshelfer des von mir 31 Jahre lang geleiteten Seminars, dem der Deutsche Bundestag und der Bundesrat beim 200. „Bonner Lehrerseminar" im Bundeshaus eine Feierstunde widmeten, auf der die Präsidenten beider Parlamente unsere Arbeit würdigten.

Zunächst die beiden persönlichen Erlebnisse.

Es war im Herbst des Jahres 1950, als ich vor dem Landtagsgebäude einer norddeutschen Landeshauptstadt ganz zufällig auf eine Schulklasse stieß, die kurz zuvor an einer Landtagssitzung mit ihrem Lehrer teilgenommen hatte. Mehrere Schüler brachten teils verärgert, teils empört ihrem Lehrer gegenüber die verschiedensten Dinge vor, die ihr Mißfallen erregt hatten. Der Lehrer entgegnete geradezu stereotyp auf alle Mißfallensäußerungen immer nur: „Ich hab's Euch ja gleich gesagt; ich hab's Euch ja gleich gesagt."

Das zweite Erlebnis hatte ich in einer Primanerklasse. Der Klassenlehrer, für die damaligen Verhältnisse geradezu eine Pioniertat, informierte seine Schüler – er hatte mich dazu als stillen Zuhörer eingeladen, um sich hinterher mit mir über diese Unterrichtsstunde zu unterhalten – durchaus sachlich und anschaulich, wie der Deutsche Bundestag, dessen erste Legislaturperiode gerade begonnen hatte, in einer bestimmten politischen Frage entschieden hatte und wie es zu dieser Entscheidung gekommen war. Nachdem er die abschließende Stellungnahme der einzelnen Fraktionen noch einmal kurz dargelegt hatte, forderte er seine Schüler auf, nunmehr Fragen zu stellen. Die dritte Frage und die Antwort des Lehrers werde ich nicht vergessen. Der Schüler wollte wissen, in jener Zeit wirklich keß: „Nun gut, wir wissen jetzt, wo die einzelnen Parteien und ihre Fraktionen im Bundestag in dieser Frage stehen. Wo stehen Sie, Herr Studienrat?" Der Lehrer gab eine sehr kurze Antwort; er sagte nur ein Wort: „Darüber!"

Beide Erlebnisse, im Rahmen der ersten Anfänge einer Unterrichtung über unser Parlament an deutschen Schulen stehend, stimmten mich verständlicherweise sehr nachdenklich. Zumal ich mich, von dem damaligen Kultusminister Schleswig-Holsteins beauftragt, seit Monaten mit der staatsbürgerlichen Erziehungsarbeit an den Schulen der Weimarer Republik beschäftigt hatte. So kam ich zu dem Entschluß, mit dem damaligen Bundestagspräsidenten, Dr. Hermann Ehlers, mit MdB Professor Carlo Schmid, mit dem damaligen Direktor beim Deutschen Bundesrat, Dr. Pfitzer, sowie mit dem damaligen FDP-Bundesminister, Dr. Schäfer, über folgende Idee zu sprechen: Den damals noch freiwillig dazu entschlossenen deutschen Lehrern möglichst aller Bundesländer die – durch keine Verordnungen und Erlasse zu ersetzende – Chance zu geben, in einem einwöchigen Seminar in den Räumen des Bundestages und Bundesrates sich an Ort und Stelle mit der Atmosphäre, der Technik parlamentarischer Arbeit und mit den jeweils anstehenden politischen Gegenwartsfragen vertraut zu machen. Alle Herren waren zu meiner freudigen Überraschung sofort von dieser Idee angetan. Kurze Zeit später konnte auch der damalige Direktor beim Deutschen Bundestag, Dr. Hans Trossmann, dafür gewonnen werden.

Die Hauptaufgabe aber stand noch bevor. Das Präsidium, die Fraktionsvorsitzenden und der Ältestenrat des Deutschen Bundestages mußten ebenso ihre Zustimmung geben wie das Präsidium des Bundesrates. Die genannten Herren schafften das, was alles andere als selbstverständlich war, da es in der gesamten deutschen und internationalen Parlamentsgeschichte nicht einen einzigen Präzedenzfall dieser Art gegeben hat, auf den man sich hätte berufen können. Die andere wichtige Aufgabe überließen die Politiker mir, da sie für die Schule nicht zuständig waren, nämlich die Dienstbefreiung für die Lehrer zu bewirken. Daß diese zweite große Hürde auch genommen werden konnte, ist dem damaligen Generalsekretär der Ständigen Konferenz der Kultusminister, Dr. Kurt Frey, zu verdanken, den ich aus seiner Kieler Zeit beim dortigen Studentenwerk der Universität noch gut kannte. Ihm gelang es, die Kultusminister bzw. Schulsenatoren der elf Länder einstimmig dafür zu gewinnen.

Ich überspringe die erste organisatorische Phase der „Bonner Lehrerseminare", jedoch nicht ohne einiger tapferer Mitstreiter des damaligen „Bürgerkundlichen Arbeitskreises e.V. Wiesbaden" aufrichtig und dankbar zu gedenken. Ihre Schuld war es nicht, daß sich eine Reihe von organisatorischen Pannen einstellte. Dazu zähle ich nicht die Unbequemlichkeiten aller Art, wie z.B. die Unterbringung aller Seminarteilnehmer in den provisorischen Kraftfahrer-Baracken der Bundesverwaltung, dort, wo heute der „Lange Eugen" steht. Schließlich hatten wir damals ein Erlebnis, das in den späteren Jahren keinem „Bonner Lehrerseminar" mehr vergönnt war, nämlich einen gemeinsamen Waschraum für Lehrerinnen und Lehrer. Zumal wir abends beim gemeinsamen Tanz im „Cafe Kranzler" in der Nähe des Bonner Hauptbahnhofes, alle Unbequemlichkeiten schnell vergaßen.

Ich komme gleich zur zweiten organisatorischen Phase, die durch ein Schreiben des damaligen Direktors beim Landtag von Rheinland-Pfalz und Vorsitzenden des „Bürgerkundlichen Arbeitskreises Rheinland-Pfalz", Wilhelm Froitzheim, eingeleitet worden ist. Mein Kollege Froitzheim, leider inzwischen verstorben, schrieb am 1. Juli 1955 an die „Bundeszentrale für Heimatdienst", wie sie sich damals noch genannt hat, sowie an die verschiedenen Landeszentralen, die für die politische Bildung zuständig waren und ganz unterschiedliche Namen hatten. Sein gleichlautendes Schreiben begann mit folgendem Satz: „Nach einer vorbereitenden Besprechung zwischen dem Herrn Bundestagspräsidenten Dr. Gerstenmaier und Herrn Regierungsrat Dr. Hessenauer, Kultusministerium Kiel, hat die Bundeszentrale für Heimatdienst in einer Besprechung mit Herrn Regierungsrat Dr. Hessenauer und dem Unterzeichneten sich dankenswerterweise bereit erklärt, die Finanzierung für eine Gründungskonferenz zu übernehmen, die am 8. Juli 1955, 16.00 Uhr im Bonner Bundeshaus stattfindet und für die der Direktor beim Deutschen Bundestag, Herr Trossmann, freundlicherweise ein Sitzungszimmer bereitstellt." Im Rahmen dieser Konferenz kam es zu der jetzigen Organisationsform der „Bonner Lehrerseminare".

Meine Kollegen von der Landeszentrale für politische Bildung Rheinland-Pfalz, zunächst Herr Klöckner und Frau Jonas, und nunmehr seit vielen Jahren Herr Löffelholz, sorgen vorbildlich für alles, was mit der Organisation der „Bonner Lehrerseminare" zusammenhängt. Ohne jede zusätzliche Planstelle hat die Mainzer Organisation rund 12000 deutsche Erzieher in die „Bonner Lehrerseminare" „geschleppt" und in Bonn so gut untergebracht, wie es die Bundeszentrale für politische Bildung, der Bundesrechnungshof und die das Seminar kontrollierende Vertreterversammlung der elf Landeszentralen für politische Bildung finanziell erlauben können.

Natürlich hätten auch meine so tüchtigen Mainzer Kollegen diese enorme organisatorische Aufgabe nicht bewältigen können ohne die Förderung durch maßgebende Bonner Politiker aller Fraktionen. Aus meiner Sicht sind es mehrere Persönlichkeiten, denen wir besonders viel zu verdanken haben: Allen voran Bundestagspräsident Richard Stücklen; daneben Frau Annemarie Renger, die uns von 1972 bis 1976 als Bundestagspräsidentin in allen Jahren unermüdlich und dynamisch zur Seite stand. Sodann ist der ehemalige Bundespräsident, Professor Dr. Karl Carstens, in seiner damaligen Eigenschaft als Fraktionsvorsitzender und danach als Bundestagspräsident zu nennen. Und schließlich muß der Direktor beim Bundesrat, Dr. Gebhard Ziller, erwähnt werden, der als Hausherr und als ständiger Referent sich große Verdienste erworben hat.

Über die thematischen Veränderungen und über die Entwicklung dieser Seminare ließ sich eine Fülle wichtiger

Einzelheiten erwähnen. Um der gebotenen Kürze wegen möchte ich mich auf wenige Aspekte konzentrieren.

Welches waren die thematischen Schwerpunkte, aus der Sicht der deutschen Erzieher selbst, im Ablauf dieser Jahrzehnte? In den ersten Jahren, bis Anfang der 60er Jahre, ging es, einer guten und unguten deutschen Bildungstradition folgend, um das Grundsätzliche. Im Vordergrund stand die Diskrepanz zwischen Artikel 21 des Grundgesetzes, der zum ersten Mal in einer deutschen Verfassung die politischen Parteien als verfassungsrechtlich notwendige Institution anerkennt, und Artikel 38GG, der das freie und damit doch wohl auch der eigenen Fraktion gegenüber ungebundene Mandat des Abgeordneten sichern soll. Jahrelang wurde in unseren Seminaren darüber debattiert, ob wir uns zu einem Parteienstaat oder zur Kanzlerdemokratie entwikkeln. Ein niveauvoller Gedankenaustausch entwickelte sich darüber, wo denn genau der staatsrechtliche Standort der Bundesrepublik Deutschland zwischen der Präsidialdemokratie der USA und der parlamentarischen Demokratie der Weimarer Republik liege.

Natürlich haben die Wiederaufrüstung, die Notstandsgesetzgebung und das Godesberger Programm der SPD zu heftigen Diskussionen in den „Bonner Lehrerseminaren" geführt. Und doch habe ich keine einzige Diskussion erlebt, die unfair verlaufen wäre. Die zweite Hälfte der 60er Jahre brachte so viel rebellischen Geist in die „Bonner Lehrerseminare", insbesondere durch Junglehrer aus Hessen, Berlin und Bremen, daß dem Seminarleiter zuweilen eine Art „Dompteur"-Funktion zufiel. Er hat es überstanden.

Zwei Themenkreise sind es vor allem anderen, die aufgrund der Abstimmung unter den Erziehern von diesen selbst als besonders wichtig angesehen wurden, und daher immer wieder mit Abgeordneten aller Fraktionen, mit unseren engagierten Parlamentsbeamten sowie führenden Politikwissenschaftlern diskutiert wurden. Da ist einmal das offenbar zeitlose Thema des Einflusses der Verbände auf das Parlament. Und da ist zum anderen die Frage der Erzieher an die verantwortlichen Politiker im Bundestag und Bundesrat, ob unsere gesetzgebenden Körperschaften auch wirklich ein Resonanzboden dessen seien, was unser Volk politisch jeweils bewegt.

Unter den Erziehern tauchte, in den letzen Jahren noch verstärkt, immer wieder die besorgte Frage auf, ob beim Bundestag und beim Bundesrat nicht zuviel Hang zum Perfektionismus vorhanden sei. In unserer repräsentativen Demokratie seien nun einmal der Deutsche Bundestag und der Bundesrat die ausschlaggebenden Institutionen des politischen Willensbildungsprozesses unseres Volkes. Sei dieser, so wurde von zahlreichen Lehrern weiter gefragt, auch nur einigermaßen befriedigend zu bewältigen und für den Wähler wirklich transparent, wenn in den nichtöffentlichen Ausschüssen die meiste Arbeit geleistet würde, und wenn bei der Überfülle an Gesetzen die Parlamentarier sich dann auch noch mit den kleinsten Details befassen würden? Sind unsere Parteien und ihre Fraktionen in unserer so kompliziert gewordenen Welt noch der besonders notwendige Transmissionsriemen zwischen Volk und Regierung, wenn von so vielen Abgeordneten aller Fraktionen dann, wenn sie am Rednerpult vom Volkswillen sprechen, die Redewendung zu hören ist: „Draußen im Lande"? Bringt die angesprochene und tendenziell stärker werdende Gesetzgebungs- und Ausschußarbeit nicht eine unvermeidliche Bürokratisierung unserer Parlamente mit sich, und eine immer ausgeprägtere Spezialisierung der Abgeordneten? Werden unsere Volksvertreter am Ende eine besondere „Kaste" von Parlamentsbeamten? Sicher, alles sehr kritische Fragen. Und doch sollten unsere Politiker diese Fragen deshalb sehr ernst nehmen, weil der deutsche Lehrer zu den wenigen Gruppen unseres Volkes zählt, die primär staatspolitisch denken und in erster Linie am Gemeinwohl interessiert sind. Und weil es nur einen einzigen Beruf in Deutschland gibt, der mit dem ganzen Volk zusammenkommt, nämlich den des Lehrers. Jeder Deutsche muß die Schule besuchen.

Das letzte Kapitel meiner Ausführungen beschäftigt sich mit den Lehrern selbst. Auch wenn man dabei noch so fair bleibt, so gibt es dazu nur subjektive Standpunkte. Ich spreche also nur von meinen persönlichen Beobachtungen in den „Bonner Lehrerseminaren" der letzten beiden Jahre. Ich könnte in aller Aufrichtigkeit nun sehr viel Positives über den deutschen Lehrer von heute sagen. Es ist schließlich kein Zufall, daß ich zu jedem Bonner Lehrerseminar ausgesprochen gern von Kiel nach Bonn gefahren bin. Und es ist mir ganz ernst mit der Feststellung, daß sich unser Volk darüber freuen kann, daß es aufs Ganze gesehen solche Lehrer hat. Ich will vielmehr das andere tun, zwei kritisch zu sehende Lehrergruppen so zu skizzieren, wie ich sie sehe. Ich habe mit zwei, wenn auch nur vordergründig heiteren Erlebnissen begonnen. Leider kann ich nicht auch mit heiteren Erlebnissen schließen. Wahrscheinlich habe ich noch nicht ganz das Lebensalter erreicht, das auch ernste Tatbestände mit heiterer Gelassenheit betrachtet. Ich sehe zwei Gruppen von Lehrern, die heute in allen Bundesländern und Schularten anzutreffen sind. Der ersten Gruppe, die ich skizzieren werde, sollte man mit Rat und menschlichem Beistand zur Seite stehen. Die zweite Gruppe sollten wir in geistigen und politischen Auseinandersetzungen mit Bekennermut bekämpfen.

Die erste Gruppe von Lehrern steht heute politisch nicht rechts und nicht mehr links, wie noch vor Jahren, um ausnahmsweise einmal in diesen politischen Klischeebegriffen zu sprechen. Es handelt sich in aller Regel um gescheite und sensitive Lehrer, die auf die Schüler von ähnlichem Schlage eine starke Faszination ausüben. Diese Erzieher sind drauf und dran, genauso apolitisch zu werden wie die Mehrheit der gegenwärtigen deutschen Jugendgeneration. Sie sind die verkörperte Verdrängung dessen, was die Gesellschaft unseres Volkes nicht nur in den Aufbaujahren verdrängt hat und weshalb es ihr heute so schwer fällt, einen natürlichen, komplexfreien und sachlichen Zugang zur Politik zu finden. Diese Gruppe deutscher Lehrer, jeder einzelne von ihnen menschlich sympathisch, sieht in der Politik von heute überall das gleiche

Muster. Alles Notwendige ist nicht mehr machbar; und alles Bedeutsame ist nicht mehr kontrollierbar. Jeder Politiker, vom Abgeordneten bis zum Bundeskanzler, ist unentrinnbar in die vorgegebenen Sachzwänge verstrickt, auch wenn die meisten Politiker dies nicht wahrhaben wollen.

Dieser übermächtig gewordenen Entwicklung gegenüber, bei der Großtechnik ebenso zu beobachten wie bei den politischen Parteien, die zu Apparaten denaturiert sind, kann man sich nur noch konformistisch verhalten, oder man zieht sich in eine neue Form der inneren Emigration zurück. Abwehr durch selbstgewählte Entfremdung. Das Gefühl der Isolierung und der sozialen Ohnmacht wird in Kauf genommen. Sollte diese Minderheit einmal die Mehrheit der deutschen Erzieher prägen, würden wir am Ende der 80er Jahre feststellen: Die rebellische Lehrergeneration der 60er Jahre wurde in den 80er Jahren abgelöst von einer geistig erschöpften und politisch resignierenden Lehrergeneration. Sie hat den Glauben an die Reformfähigkeit des Bestehenden verloren und ist zu Rainer Maria Rilkes Weltanschauung in seiner 7. Duineser Elegie zurückgekehrt: „Nirgends, Geliebte, wird Welt sein, als innen."

Noch ist es nicht so weit. Aber täuschen wir uns nicht, diese tiefe Resignation ist ein eminent politischer Vorgang. Herbert Marcuses von ihm selbst bis zu seinem Tode als utopisch angesehener Wunschtraum von der „Großen Verweigerung" findet ein spätes Echo und ist für manchen der Lehrerinnen und Lehrer kein Wunschtraum mehr, sondern realistische Utopie. Dieser Lehrer ist dabei im Kollegium nicht mehr allein. Und schon gar nicht in den Gesprächen mit seinen Schülern. Radikale individualistische Selbstbestimmung, die der Gemeinschaft mit dem eigenen Volk nicht mehr bedarf, ist in keiner Epoche frei von elitärer Arroganz. Nietzsche wirkt heute stärker nach, als es in unseren Massenmedien zu beobachten ist. Die Zahl der Lehrer ist in der Bundesrepublik Deutschland heute nicht mehr klein, die Robert Musils Anti-Held Ulrich (in dem großartigen Roman Musils „Der Mann ohne Eigenschaften"), der ganz gut ohne Gemeinschaft, ohne Parteien und Verbände auskommen kann, rundum sympathisch findet. Ulrich antwortet auf die Frage, was er täte, wenn er das politische Weltregiment in den Händen hielte: „Es würde mir nichts anderes übrig bleiben, als die Wirklichkeit abzuschaffen." Robert Musils Ulrich wird ergänzt durch Max Frischs Homo Faber: „Ehrlich sein, heißt: allein sein."

Die zweite Minderheitengruppe unter den deutschen Gemeinschaftskundelehrern der Gegenwart ist von völlig anderem Zuschnitt. Aber auch sie verdient besondere Beachtung. Bevor ich auch sie kurz zu skizzieren wage, noch eine Vorbemerkung.

Wir haben aus den beiden Hauptfehlern der staatsbürgerlichen Erziehungs- und Bildungsarbeit in der Weimarer Republik gelernt und sie von Anfang an vermieden. Einmal den Fehler, den Schüler oder Bürger nur als Verstandesmenschen zu sehen und davon überzeugt zu sein, daß jeder politisch informierte Schüler oder Bürger immer politisch vernünftig handeln wird. In ernsten

Krisenzeiten läuft das leider ganz anders. Zum anderen den Fehler, keinen Blick zu haben für die ganz unterschiedlichen, mitunter geradezu gegensätzlichen Ebenen politischen Bewußtseins in den Gruppen oder in den Generationen eines Volkes. Konkret gesagt: In der Weimarer Republik lebte die damalige Kriegsgeneration noch im Kaiserreich, nicht aber in der Republik. Auch die Mehrheit der Lehrer, die damals ihre Schüler für die Weimarer Republik gewinnen sollte.

Heute beginnt – unter anderen Vorzeichen – die gleiche Verschiebung, bahnt sich ein ähnliches Kontrastprogramm politischer Grundeinstellung innerhalb der Generationen in der Bundesrepublik Deutschland an.

Jutta Ditfurths Gegenposition zur repräsentativen Demokratie nehme ich deshalb so ernst, weil die Zahl der jungen Leute in der gesamten Bundesrepublik, insbesondere in Universitätsstädten, gegenwärtig noch wächst. Diese jungen Menschen sind mit ihr und den Fundamentalisten bei den Grünen, aber auch einem Teil ihrer Lehrer folgender Auffassung: den Parteien und Parlamenten, den Regierungen und Gerichten sprechen wir das Recht ab, über die Köpfe der Betroffenen hinweg Entscheidungen zu fällen. Wir sind die Repräsentanten der Basisdemokratie, deren Verfassung demokratischer ist als die der sogenannten parlamentarischen Demokratie.

Sollten die Appelle von Frankfurt bis Brokdorf, von Berlin bis Kalkar, diese Appelle an das „gesunde Volksempfinden" Schule machen, dann geht in Deutschland ein zweites Mal eine Republik zugrunde.

Denn Betroffene, die dieser Appell erreicht und die sich mobilisieren lassen, gibt es immer, und das nicht nur bei technischen Großprojekten. Schon beim Bau einer neuen Straße in einem kleinen Dorf kann sich ein ähnlicher Vorgang wiederholen. Die Demagogen der Gegenwart, die gegen die repräsentative Demokratie zu Felde ziehen, müssen mit allen legalen Mitteln, mit kritischer Vernunft und mit demokratischer Leidenschaft, geistig und politisch bekämpft werden. Und dies in der gesamten staatsbürgerlichen Erziehungs- und Bildungsarbeit. Für den gesamten freien Westen sind sie die gefährlichsten Demagogen unserer Zeit. Da leider damit zu rechnen ist, daß in der Bundesrepublik Deutschland sich schon in den nächsten Jahren ein akademisches Proletariat bildet, nimmt die jetzt schon vorhandene Gefahr zu.

Ich möchte, wie es in den 28 Jahren, in denen ich Direktor eines Landesamtes für staatsbürgerliche Bildung war, bei mir immer der Fall gewesen ist, wenn es sich um ernstzunehmende Herausforderungen unserer parlamentarischen Demokratie handelt, auch in diesem Zusammenhang ganz offen meine Meinung sagen. So wie es selbstverständlich auch dann immer der Fall war, wenn ich aus freiheitlichen und humanitären Grundsatzerwägungen heraus auch den Mächtigen öffentlich meine Meinung sagte.

Was wäre das für ein jämmerlicher Staat – auch in der Sicht der großen Mehrheit unseres Volkes –, dessen Parlamente und Parteien, dessen Regierungen, Gerichte und Polizeiorgane dem

Druck der Straße nachgäben und nicht mehr in der Lage wären, Entscheidungen für die Gesamtheit zu treffen, sowie Recht und Ordnung für alle Bürger noch aufrecht zu erhalten. Vor allem, wenn sie einer rücksichtslos und gewalttätig vorgehenden Minderheit gegen besseres Wissen nur deshalb entgegenkommen, weil sie medienwirksam auftritt. Leider auch bei ihrem jüngsten Protest gegen die nun wirklich notwendige und durch den Datenschutz abgesicherte Volkszählung.

Jeder Bundesdeutsche, der staatsbürgerlich erzieht und bildet, und erst recht jeder Beamte, der seinen Eid auf unsere Verfassung und nicht auf irgendeine andere geleistet hat, sollte in erster Linie nicht theoretisch-unverbindlich unterrichten, sondern mit konkreten und aktuellen Aussagen deutlich machen, welche Werte für die Stabilität unseres freiheitlichen, sozialen Rechtsstaates unverzichtbar sind. Und welcher Institutionen und Anstrengungen es bedarf, um sie zu erhalten. Jede Alternative zu unserer parlamentarischen Demokratie verändert, meiner festen Überzeugung nach, nur zum Schlechten. Es lohnt sich daher, für unseren freiheitlichen Staat zu kämpfen. Und es lohnt heute mehr als jemals zuvor, sich als Erzieher für eine politische Bildung einzusetzen, die zugleich auch eine zeitnahe Allgemeinbildung anstrebt.

Politische Bildungsstätten in Schleswig-Holstein

Akademie Sankelmark
Post Oeversee
2391 Sankelmark
Tel.: 0 46 30/3 72

Jugendhof Scheersberg
Post Kalleby
2391 Quern
Tel.: 0 46 32/2 85 u. 77 90

Internationale Freizeit- und Bildungsstätte Schönhagen
2341 Schönhagen/Ostsee
Tel.: 0 46 44/4 10

Europäische Akademie Schleswig-Holstein
Flensburger Straße 18
2262 Leck
Tel.: 0 46 62/30 43

Heimvolkshochschule Rendsburg
Am Gerhardshain 44
2370 Rendsburg
Tel.: 0 43 31/2 20 25

Haus Tannenfelde, Tagungsstätte des Unternehmensverbandes
2356 Aukrug/Tannenfelde
Tel.: 0 48 73/14 44

Hermann-Ehlers-Akademie
Gurlittstraße 3
2300 Kiel
Tel.: 04 31/38 92-0

Gustav-Heinemann-Bildungsstätte
Schweizer Straße 58
2427 Malente
Tel.: 0 45 23/25 70

Ev.-luth. Landvolkshochschule Koppelsberg
2321 Koppelsberg
Tel.: 0 45 22/26 64

Ev. Akademie Nordelbien
Marienstraße 31
2360 Bad Segeberg
Tel.: 0 45 51/85 21-23

Haus am Pfefferberg
Akademie für politische Bildung
2071 Großensee üb. Trittau
Tel.: 0 41 54/62 05

Friedrich-Ebert-Stiftung
(Heimvolkshochschule)
Am Kratt 2 **2070 Ahrensburg**
Tel.: 0 41 02/5 13 41

Autorenverzeichnis

Barschel, Uwe Dr. jur., Dr. phil., geb. 1944 in Glienicke/Berlin, Rechtsanwalt und Notar, CDU-Politiker, seit 1971 Mdl von Schleswig-Holstein, 1971 bis 1973 Parlamentarischer Vertreter des Kultusministers und Regierungsbeauftragter für Jugend und Sport, 1973 bis 1979 Vorsitzender der CDU-Landtagsfraktion, Januar bis Juni 1979 Finanzminister, 1979 bis 1982 Innenminister, seit 1982 Ministerpräsident von Schleswig-Holstein.

Bracher, Karl Dietrich Prof. Dr. phil., Dr. hum. litt. h.c., Dr. jur. h.c., geb. 1922 in Stuttgart 1959 bis 1987, Ordinarius für Politische Wissenschaft und Zeitgeschehen an der Rheinischen Friedrich-Wilhelm-Universität zu Bonn; 1965 bis 1967 Vorsitzender der Deutschen Vereinigung für Politische Wissenschaft, stellv. Präsident der Kommission für Geschichte des Parlamentarismus und der politischen Parteien in Bonn, Beiratsvorsitzender des Instituts für Zeitgeschichte in München.

Geißler, Erich E., Prof. Dr. phil., geb. 1928 in Obergeorgental, Ordinarius und Direktor des Instituts für Erziehungswissenschaften der Rheinischen Friedrich-Wilhelm-Universität zu Bonn.

Hessenauer, Ernst, Dr. phil., geb. 1922 in Nußloch, 1954 bis 1970 Landesvorsitzender der Europa-Union, Landesvorsitzender der Deutsch-Englischen Gesellschaft, 1956 bis 1984 Direktor der Landeszentrale für Politische Bildung Schleswig-Holstein.

Hubrich, Wolfgang, Dr. phil., geb. 1924 in Breslau, 1969 bis 1984 Oberstudiendirektor, seit 1984 Direktor der Landeszentrale für Politische Bildung Schleswig-Holstein.

Maletzke, Erich, geb. 1940 in Tempelburg in Pommern, Chefredakteur der Schleswig-Holsteinischen Landeszeitung.

Schwan, Gesine, geb. Schneider, Dr. phil., Professorin für Politische Theorien und Theorie des Sozialismus der Freien Universität zu Berlin.